Generation Porno

Der Einfluss von Internetpornografie auf die sexuelle Entwicklung von Jugendlichen

Bibliografische Information der Deutschen Nationalbibliothek:

Die Deutsche Nationalbibliothek verzeichnet diese Publikation in der Deutschen Nationalbibliografie; detaillierte bibliografische Daten sind im Internet über http://dnb.d-nb.de abrufbar.

Impressum:

Copyright © Science Factory 2018

Ein Imprint der Open Publishing GmbH, München

Druck und Bindung: Books on Demand GmbH, Norderstedt, Germany

Covergestaltung: Open Publishing GmbH

Inhaltsverzeichnis

1 Einleitung 1

2 „Die Jugend" 4

    2.1 Beschreibung des Begriffs „Jugend" 4

    2.2 Entwicklungspsychologie des Jugendalters - Konzepte und Theorien 6

    2.3 Sexuelle Entwicklung - Herausbildung der sexuellen Identität 7

3 Sozialisation 10

    3.1 Die „geltenden" sexuellen Orientierungen sind gesellschaftliche Konstrukte? 11

    3.2 Soziale Herkunft - Schichtspezifische Sozialisation, Eltern und Peergroups als wichtigste Sozialisationsinstanzen 12

    3.3 Sexuelle Sozialisation und sexuelle Erziehung 14

    3.4 Entstehung von Orientierung, Neigung und Störung 16

4 Sexualität im Jugendalter 19

    4.1 Beschreibung des Begriffs Sexualität 19

    4.2 Jugendsexualität - Wie wird Sexualität verstanden und gelebt? 21

    4.3 Sexualität und Neue Medien 23

5 Lebenswelten und Porno 26

    5.1 Beschreibung des Begriffs Porno (-Film) 26

    5.2 „Generation Porno" - Sexuelle Werte und Normen im Wandel? -Einfluss und Wirkung auf die jugendliche Sexualität 28

    5.3 Pornosozialisation und sexuelle Verwahrlosung - Habitualisierungseffekt-Hypothese 30

    5.4 Pornografisierung und Sexualisierung der Gesellschaft, oder zugespitzte Dramaturgie? 33

6 Fazit - aktueller gesellschaftlicher Ausblick und medialer Diskurs 37

Literaturverzeichnis 42

1 Einleitung

„Alle Menschen sind von Müttern geboren, jeder war einmal ein Kind, alle Menschen und Völker nehmen in der Kinderstube ihren Anfang und die Gesellschaft besteht aus Individuen, die sich aus Kindern zu Erwachsenen entwicklen, das ist Tatsache."[1]

Sind Menschen Opfer ihrer Sozialisation? Möglicherweise, dennoch wirken sie auf sich und ihre Umwelt auch immer selber ein und entwickeln sich auf diese Weise zum handlungsfähigen Wesen.[2] Sexuelle Sozialisation und sexuelle Entwicklung haben heutzutage jedoch einen sehr vielfältigen Verlauf. Soziale Ungleichheiten, die unterschiedlichen Sexual- und Geschlechtsnormen, aber auch die Entwicklung Neuer Medien stellen Kinder und Jugendliche gegenwärtig vor eine Reihe neuer Entwicklungsaufgaben und Einflüsse, die zu bewältigen sind.

Unsere Gesellschaft verfügt über wenig bis keinen öffentlichen, sondern lediglich über einen medialen Diskurs zur Sexualität. Auch Studien über die Beeinflussung durch Pornografie auf Jugendliche gibt es kaum. Festgestellt habe ich das bereits während der Recherche zu meiner empirischen Forschungsarbeit, mit dem Titel: „Generation Porno"? Welchen Einfluss hat der Pornofilm auf Männer zwischen 25 und 35 Jahren? Und wie sieht die Rolle der Frau im Bezug auf die reale Sexualität aus?". In der Hausarbeit habe ich den Einfluss durch Pornofilme auf erwachsene Männer als Schwerpunkt behandelt. Deren Vorstellung von Sexualität und die sexuelle Entwicklung aus der Vergangenheit sind jedoch Folge der kindlichen und jugendlichen sexuellen Sozialisation und nehmen Einfluss auf die gelebte Sexualität in der Gegenwart. Sexualität in Verbindung mit Kindern und Jugendlichen wird jedoch immer noch tabuisiert. Die Gesellschaft kann es sich aber nicht leisten diesen Diskurs wissenschaftlich zu ignorieren, da Sexualität eine der wichtigsten Impulse für das menschliche Verhalten ist. Nach Freud ist der Mensch bereits von Geburt an ein sexuelles Wesen.[3] Sexuelle Sozialisation setzt im Kleinkind-Alter ein, erlangt aber vor allem im Jugendalter eine ganz neue Bedeutung. Gerade im Hinblick auf das männliche Geschlecht gibt es einige spezielle Faktoren, die für die Entwicklung der männlichen sexuellen Identität von großer Bedeutung sind. Während der Beschäftigung zu dieser Thematik habe ich mir unter anderem fol-

---

[1] Erikson, Erik, Identität und Lebenszyklus, S. 11.
[2] Tillmann, Klaus Jürgen, Sozialisationstheorien, S. 17.
[3] Freud, Sigmund, Drei Abhandlungen zur Sexualtheorie.

gende Fragen gestellt: Welche Bedeutung gewinnt der Pornofilm insbesondere für die sexuelle Entwicklung und sexuelle Sozialisation von Jugendlichen? Welchen Einfluss haben diese Erfahrungen auf die gelebte Sexualität und die Entwicklung der sexuellen Identität? Wie verarbeiten Jugendliche ihren Medienkonsum und wie setzten sie sich mit diesem auseinander? Sind Folgen von einer Art „sexuellen Verwahrlosung" durch eine mangelnde Kontrolle über die konsumierten Medien abzuschätzen?

Und welchen Einfluss üben Eltern und andere Sozialisationsinstanzen auf Jugendliche aus?

Als Schwerpunkt dieser Arbeit möchte ich den Aspekt der sexuellen Sozialisation und den Einfluss von Pornografie auf die gelebte Sexualität von männlichen Jugendlichen untersuchen. Auseinandergesetzt habe ich mich hierfür insbesondere mit zwei Studien, die im Rahmen von Abschlussarbeiten durchgeführt wurden. Zum einen mit der Dissertation von Heike Rebecca Stähler „Generation Porno", die als Interview-Partner Jugendliche ausgewählt hat, die in schwierigen sozialen Verhältnissen aufwachsen und der bildungsfernen Schicht zuzuordnen sind und zum anderen mit der Diplomarbeit von Jessica Schumacher „Die Sexualisierung der Gesellschaft". Außerdem mit weiterer in dieser Arbeit aufgeführten Literatur.

Der Aufbau dieser Arbeit wird sich wie folgt gliedern: Von der jugendlichen sexuellen Entwicklung, der Bildung der sexuellen Identität und den Theorien im Jugendalter im ersten Teil, zur sexuellen Sozialisation, den „geltenden" gesellschaftlichen Konstrukten von Sexualität und der sozialen Herkunft im zweiten Teil, hin zu der entstandenen und gelebten Sexualität und der Sexualität in den Neuen Medien im dritten Abschnitt. Abschließend möchte ich im vierten und letzten Kapitel der Arbeit ein gegenwärtiges Bild des Einflusses von Pornofilmen auf jugendliche Lebenswelten vermitteln und einen gesellschaftlichen Ausblick herzustellen. Die immer stärker werdende Sexualisierung und Pornografiesierung der Medien und der Gesellschaft und die damit verbundene befürchtete Veränderung von Geschlechterrollen und Stereotypen kann als beunruhigend empfunden werden. Müssen wir uns über einen möglichen Habitualisierungseffekt von Jugendlichen sorgen machen, oder können wir dem überhaupt entgegenwirken? Geht das „romantische" Verständnis von Liebe, Sexualität, Zuneigung und Partnerschaft verloren, oder hat es nie wirklich existiert? Erscheint uns das „Verschwinden" dieses Verständnisses nur durch die Transparenz der Medien viel bewusster und präsenter?

Viele dieser Fragen, die in den Medien kontrovers diskutiert, aber meiner Meinung nach nicht ausreichend behandelt werden, möchte ich in dieser Abschlussarbeit genauer thematisieren, analysieren und auch versuchen zu enttabuisieren.

2 „Die Jugend"

> „Jugend gilt häufig als Indikator für gesellschaftliche Veränderungen, für sozialen Wandel. Jugendliche scheinen diesen Wandel voranzubringen, oder gar auszulösen, sie fungieren als Protagonist einer neuen Zeit und werden als Diejenigen betrachtet, an denen sich entsprechende Veränderungen in besonderer Weise ablesen lassen. So ist die Analyse von Jugend auch immer eine Vorausschau auf mögliche und wahrscheinliche Lebenswelten unserer zukünftigen Gesellschaft".[4]

Vorab möchte ich den Begriff *Jugend* und die sexuelle Entwicklung der Jugendlichen verdeutlichen und damit eine Basis für diese Arbeit schaffen. Immer mehr Jugendliche zählen zu Konsumenten von Pornofilmen, daher ist es notwendig einige Theorien dieser Gruppe genauer zu betrachten. Im folgendem Kapitel soll nun „der Jugendliche" bezüglich seiner unterschiedlichen Entwicklungsphasen, seiner sexuellen Entwicklung und der Bildung seiner sexuellen Identität dargestellt werden. Wichtig im Zusammenhang mit der Pornografie sind die Bildung sexueller Normen und Werte, sowie die generelle Bedeutung von Sexualität für die Jugendlichen. Auf diesen Aspekt werde ich allerdings detaillierter im zweiten und dritten Kapitel eingehen.

2.1 Beschreibung des Begriffs „Jugend"

„Die Jugend gibt es nicht"![5] Mit dieser Plattitüde wird meistens der Versuch unternommen, den Begriff *der Jugend* zu klären.[6] Der Begriff *der Jugend* ist wissenschaftlich nicht eindeutig definiert und muss daher differenziert betrachtet werden. Im alltäglichen Sprachgebrauch wird dieser jedoch sehr oft verwendet und man benennt damit eine Lebensphase, die von der Kindheit bis zum Erwachsenenalter andauert. *Die Jugend* ist eine Altersphase im Leben eines jeden Menschen. Mit dem Einsetzen der Pubertät und der damit einhergehenden Vollendung der Kindheit, das ca. im 13. Lebensjahr geschieht, beginnt *die Jugend* als Lebensphase. Allerdings ist es leichter den Beginn, als das Ende der Jugendphase zu bestimmen, da sich diese Phase immer weiter ausdehnt. Es besteht jedoch ein weitestgehender Konsens darüber, dass diese endet, sobald das Individuum seine

---

[4] Wippermann/Calmbach 2008 aus Götsch, Monika, Sozialisation heteronormativen Wissens, S. 25.
[5] Scheuch, K. Erwin, 1975 aus Scherr, Albert, Jugendsoziologie, S. 18.
[6] Zimmermann, Peter, Grundwissen Sozialisation, S. 154.

persönliche und soziale Identität gefunden hat, beispielsweise durch eine ökonomische Selbstständigkeit, die Gründung eines eigenen Haushaltes, oder einer Familie. Wann das passiert, ist jedoch schwer am Alter festzumachen. Für die empirische Jugendforschung liegt ein großer Unterschied zur Alltagssprache in Hinblick auf die Klärung des Grundbegriffs vor, um empirisch untersuchen zu können. Es ist nicht ausreichend die Phase anhand des biologischen oder psychologischen Entwicklungsstadiums zu bestimmen, wie es im Alltagsdenken oft passiert.[7] Die Soziologie zielt darauf ab, diese Lebensphase in Hinblick auf gesellschaftliche Bedingungen des Heranwachsens wahrzunehmen. Es wird betont, dass *die Jugend* nicht mehr als homogene Gruppe angesehen werden darf, sondern milieuspezifisch, geschlechtlich und kulturell stark variiert.[8] Auseinandergesetzt wird sich mit Verhaltensweisen, Problemen, Gegebenheiten, Zwängen und Möglichkeiten, die die Jugendlichen in einer gesellschaftlichen Struktur vorfinden. Die Soziologie differenziert vor allem zwischen den unterschiedlichen Lebensbedingungen und Umständen der Jugendlichen und das in Abhängigkeit ihrer Herkunftsfamilie, ihrer sozialen Postion und der Auswirkungen der gesellschaftlichen, ökonomischen und politischen Bedingungen auf *die Jugend*, die Lebenslage und Lebensphase.[9] Vom ökonomischen, politischen und sozialen Status her betrachtet, sind beispielsweise die meisten Studenten im Alter zwischen 20 - 30 Jahren, Jugendliche und das solange wie eine ökonomische und soziale Unselbstständigkeit und Abhängigkeit fortbesteht. Sie gehören damit noch zu einer Teilkultur *der Jugend*, hier geht das Jugendalter in die Post-Adoleszenz über.[10] Klaus Hurrelmann geht von einer Ausdehnung der Jugendphase aus, er begründet dies mit einer Verlängerungen der Bildungs- und Ausbildungsdauer und einem deutlich späteren Zeitpunkt der Familiengründung.[11]

In dieser Arbeit liegt der Fokus jedoch auf dem biologischen Alter zur Bestimmung der Jugendphase und liegt daher zwischen ca. 13-19 Jahren. Gemeint ist damit die Vollendung der Kindheit und das Einsetzten der Pubertät.

---

[7] Scherr, Albert, Jugendsoziologie, S. 18.
[8] Götsch, Monika, Sozialisation heteronormativen Wissens, S. 34.
[9] Scherr, Albert, Jugendsoziologie, S. 18.
[10] Joas, Hans, Lehrbuch der Soziologie, S. 173.
[11] Hurrelmann, Klaus, Lebensphase Jugend, S. 13.

2.2 Entwicklungspsychologie des Jugendalters - Konzepte und Theorien

Jugendliche werden in der Spätmoderne als diejenigen wahrgenommen, welche sich in einer Phase zwischen „nicht mehr Kind sein" und „noch nicht Erwachsener sein" befinden. Sie gelten als diejenigen, welche sich ausprobieren, Grenzen überschreiten und besonders in Bezug auf Sexualität zu „abweichenden" Verhalten neigen. Hurrelmann bezeichnet daher die Phase *der Jugend* als krisenhaften und verunsicherten Lebensabschnitt.[12] Es hat sich eine Auffassung von *der Jugend* durchgesetzt, dass mit der Pubertät zusammenhängenden und individuellen Lern- und Entwicklungsphase zu verstehen ist, in der eine besondere erzieherische Aufmerksamkeit nötig ist. So bezeichnete Jean Jacques Rousseau in einem seiner bekanntesten Werke[13], die Lebensphase *der Jugend* als eine Art „zweite Geburt", eine Geburt der Leidenschaften. Er bestimmt damit *die Jugend* als eine Lebensphase in der Erziehung schwieriger als in der Kindheit sei, aber in besonderer und gleicher Weise erforderlich ist.[14] Von Psychoanalytikern[15] wird das Jugendalter als entscheidende Lebensphase bezeichnet. Diese Phase soll die Strukturen der Unbewusstheit festlegen. Die in der Kindheit erworbenen emotionalen Merkmale wie z. B. Ängste, Aggressivität und Sexualität werden in dieser Phase durch die Abnabelung zur Herkunftsfamilie in Frage gestellt und eine Reorientierung findet statt. Es entwickelt sich eine neue Einheit aus physischen und psychischen Erlebnis- und Selbsterfahrungen, die zu einem wachsenden Bewusstsein des Ich-Gefühls führen. Nach Vollendung des Prozesses der Bildung der Persönlichkeitsstruktur in der Kindheit, wird von einer sich stabilisierenden Persönlichkeit nach der Adoleszenz gesprochen.

Allerdings wird zufolge neueren soziologischen Forschungstheorien eingewandt, dass von stabilen und sich unveränderlichen Eigenschaften auch im Erwachsenenalter nicht ausgegangen werden kann. Gemeint ist damit der Einfluss des sozial Möglichen, der sozial zugemuteten Erfahrungen in der Familie, der Peers, der Schule und auch ganz besonders der, der Neuen Medien auf die individuelle Persönlichkeitsentwicklung.[16]

---

[12] Götsch, Monika, Sozialisation heteronormativen Wissens, S. 33.
[13] „Emil oder über die Erziehung".
[14] Scherr, Albert, Jugendsoziologie, S. 19.
[15] Beispielsweise: Freud, Sigmund und Erikson, Erik.
[16] ebenda, S. 66.

Dieser Entwicklungsprozess der Sozialisation, in der das Kind zum Jugendlichen wird und damit dessen zwischenmenschliche Beziehungen nun die der Gleichaltrigen im Vordergrund hat, steht stark in Verbindung mit dem Erleben der eigenen sexuellen Bedürfnisse. Diese gehen mit einer Veränderung der Identität einher und damit bekommt die Frage nach der geschlechtsbezogenen Identität eine größere Bedeutung zugeschrieben.[17]

2.3 Sexuelle Entwicklung - Herausbildung der sexuellen Identität

Die mit der Pubertät einhergehenden physischen und psychischen Veränderungen, die verstärkte Bedeutung von Beziehungen und des Akzeptiertwerdens durch Gleichaltrige, werden darüber hinaus von einem neuen Bewusstsein für sexuelle Gefühle und Reaktionen begleitet. Dieser Entwicklungsprozess bringt neben der Geschlechtsidentität auch die Aufgabe mit sich, eine sexuelle Identität zu entwickeln.[18] Während der Kindheit und der frühen Jugendphase gibt es verschiedene Entwicklungslinien, die eine Person „sexuell erwachsen" werden lassen.[19] Diese Linien der sexuellen Entwicklung beziehen sich auf biologische Funktionen als Basis für die Entwicklung des Erlebens und Verhaltens. Folgende Funktionen entwicklen sich:

„Differenzierungen sexueller Motive und Bedürfnisse, die Entwicklung sexueller Reaktionen und sexueller Reaktionsfähigkeit, die Entwicklung von Bindung bzw. Bindungsfähigkeit und möglicher Funktionen der Sexualität in Beziehungen, die Entwicklung der Geschlechtsrolle, sexuelle Orientierung und das sich abzeichnende sexuelle Verhalten."[20] In der sexuellen Entwicklungsphase wird z. B. entdeckt, wer oder was sexuell erregend ist. Ein Kind kann vor der Pubertät mit der Geschlechtsidentität seiner Kindheit sicher und vertraut geworden sein und doch durch die jeweiligen Veränderungen, in Zweifel und Unsicherheit geraten. Durch eine neu entwickelte Form des „anders Denkens", entsteht auch eine weitere Ausdifferenzierung und Neubewertung der endgültigen adoleszenten Sexualidentität. Es kann aber auch vorkommen, dass Jugendliche den Eintritt in diese sexuelle Phase hinauszögern und weiter auf nichtsexuelle Betätigungen ihrer Geschlechts-

---

[17] Scherr, Albert, Jugendsoziologie, S. 66.
[18] Kolanowski, Ulrike, Wie Jugendliche ihre sexuelle Orientierung entdecken, S. 8.
[19] Bancroft, John, Grundlagen und Probleme menschlicher Sexualität, S. 9.
[20] Sielert, Uwe, Einführung in die Sozialpädagogik, S. 14.

identität und ihres Selbstvertrauens zurückgreifen.[21] Wenn das nicht der Fall ist, entdecken vor allem männliche Jugendliche die Fähigkeit der Selbstbefriedigung für sich.

Im Falle des Praktizierens von Onanie, das häufig über Peers gelernt wird, spielt jedoch die sexuelle Sozialisation eine wesentliche Rolle. Die Onanie kann um seiner selbst Willen verübt werden, oder auch um sexuelle Aktivität zwischen zwei Menschen zu ersetzen. Hier ist die Eltern-Kind-Beziehung von zentraler Wichtigkeit für die sexuelle Entwicklung der Jugendlichen. Bestrafen von sexuellen Handlungen wie z. B. die der Onanie, kann zu Scham- und Schuldgefühlen führen. Bindung und Sexualität beeinflussen sich gegenseitig. Die Bindung hat einen entscheidenden Einfluss auf die sexuelle Neigung und umgekehrt. Ein Mann der sexuell *erwachsen* ist, kann z. B. sexuelle Praktiken vermeiden, um Intimität auszuweichen.[22] Auf diesen Aspekt gehe ich jedoch im Abschnitt der sexuellen Sozialisation detaillierter ein. Besonders im Hinblick auf die männliche sexuelle Entwicklung gibt es weitere spezielle Faktoren, außer denen der Erziehung, die für die Entwicklung der sexuellen Identität von großer Bedeutung sind. Beispielsweise der sexuelle Kontakt zu Anderen, hier findet eine sexuelle Identifikation statt. Sie vergleichen und eifern älteren Jugendlichen nach. Bei den männlichen Jugendlichen ist es besonders wichtig, was ihre Freunde als sexuell erregend empfinden, das kann bei der späteren Kanalisierung von ihrer Sexualität von Bedeutung sein. Jedoch können gewisse Faktoren die sexuelle Entwicklung behindern. Hierzu zählen: Angst vor Zurückweisung, sexueller Misserfolg, oder auch Schuldgefühle.[23] Diese Vergleiche untereinander haben dann Maßstäbe bzgl. der sexuellen Kontakte, der körperlichen Entwicklung und der Inszenierung zur Folge. Dies gilt besonders für die Jugendlichen, die sich ihrer homo- oder bisexuellen Neigung bewusst werden und sich mit deutlich größeren Veränderungen in dieser Phase auseinanderzusetzen haben, als heterosexuell orientierte Jugendliche. Sie müssen einerseits ihren sich verändernden, sexuell werdenden und auch geschlechtlich bedeutsamen Körper in ihr Selbstbild integrieren und andererseits dient ihr Körper auch als Medium geschlechtlich heteronormativer Inszenierungen.[24] Oft entwickelt sich erst mit Mitte bis Ende Zwanzig eine positive Identität. Die Entwicklung

---

[21] Bancroft, John, Grundlagen und Probleme menschlicher Sexualität, S. 17.
[22] Junker, Robin, Pornografie und Identität, S. 19.
[23] ebenda, S. 19.
[24] Götsch, Monika, Sozialisation heteronormativen Wissens, S. 37.

einer sexuellen Identität, die sowohl die Einstellung zur Sexualität, als auch das Sexualverhalten bestimmt, wird damit zu einer wichtigen Aufgabe für die Jugendlichen in dieser besonderen Lebensphase.[25]

---

[25] Kolanowski, Ulrike, Wie Jugendliche ihre sexuelle Orientierung entdecken, S. 8.

3 Sozialisation

Sozialisation ist begrifflich als „[...] Prozess der Entstehung und Entwicklung der Persönlichkeit in wechselseitiger Abhängigkeit von der gesellschaftlich vermittelten sozialen und materiellen Umwelt"[26] zu beschreiben. Somit sind alle sozialen und materiellen Umweltfaktoren gesellschaftlich beeinflusst und können als Bedingung des Sozialisationsprozesses von Bedeutung sein.[27]

„Sexuelle Sozialisation heißt demnach das Erlernen gesellschaftlich als sexuell definierter Ausdrucks- und Verhaltensformen, und damit dessen, was als sexuell zu gelten hat."[28] Wichtig ist aber auch die individuelle Wahrnehmung eigener Körperreaktionen. Im Vordergrund steht dabei immer das sexuelle Empfinden, das im Laufe der Sozialisation an bestimmte Bedeutungskontexte gebunden wird. „[...] Sexualität ist also keineswegs instinktgebunden, sondern wird wie jegliches Sozialverhalten von Kindheit an erlernt und eingeübt."[29] Die Psychoanalyse wiederum würde diese Annahme bestreiten. Nach Freuds Theorie der infantilen Sexualität[30] sind alle Menschen schon von Geburt an sexuelle Wesen und steigern ihre Sexualität im Laufe ihrer sexuellen Sozialisation. Dieses Konzept spielt in der klassischen Psychoanalyse eine wesentliche Rolle, da diese davon ausgeht, dass psychische Entwicklung erheblich durch die Sexualität beeinflusst wird. Nach Freud wird die Persönlichkeitsentwicklung dadurch beeinflusst und bewegt, dass Kinder ihre Sexualenergie von einem Lebensabschnitt in den Anderen ausdehnen. Diese Entwicklung hat er in fünf Phasen unterteilt, allerdings werde ich auf diese Unterteilung nicht weiter eingehen. Im Kontext zur Arbeit erachte ich eine genauere Beschreibung der Phasen für nicht relevant. Der Psychoanalyse nach ist die Sozialisation wiederum kein kontinuierlicher Prozess, sondern Abfolge von Problembearbeitungen.[31] Wie ich bereits in Abschnitt 1.3 kurz erwähnt habe, ist die

---

[26] Tillmann, Klaus-Jürgen, Sozialisationstheorien, S. 14.
[27] ebenda, S. 15.
[28] Stähler-Heike-Rebecca, Generation Porno, S. 77.
[29] ebenda.
[30] Freud, Sigmund, Drei Abhandlungen zur Sexualtheorie - Nach Freuds Theorie ist die angebliche Asexualität des Kindes ein Irrtum und ein unrealistisches Ideal. Bereits Neugeborene bringen sexuelle Regungen mit auf die Welt, diese sich eine Zeitlang immer weiterentwickeln, bis sie kurzzeitig still liegen, aber mit dem einsetzten der Pubertät wieder fortgesetzt werden.
[31] Zimmermann, Peter, Grundwissen Sozialisation, S. 20.

sexuelle Sozialisation und die sexuelle Erziehung für die menschliche sexuelle Entwicklung demnach von signifikanter Bedeutung. Besonders Erfahrungen mit wichtigen Bezugspersonen, also keine potenziellen Sexualpartner, sind relevant für die Entwicklung der Sexualität, ebenso für die Entwicklung von speziellen Vorlieben und Neigungen gegenüber Personen und für die Entwicklung von sexuellen Praktiken. Auf diesen Aspekt werde ich genauer in Abschnitt 2.4 weiter eingehen. Beziehungserfahrungen, soziokulturelle- und sozioökonomische Bedingungen, aber auch das vorgelebte Wirklichkeitsbild innerhalb der Familie beeinflussen also im bedeutenden Maße die sexuelle Sozialisation. Im Kontext der sozialen Umwelt und gesellschaftlich geltenden Konstrukten.[32]

3.1 Die „geltenden" sexuellen Orientierungen sind gesellschaftliche Konstrukte?

Als Prozess und Effekt sozialer Praxen erklärt Sozialisation, wie Jugendliche zu sozialen und auch zu individuellen sexuell-geschlechtlichen Wesen werden. Gesellschaftliche Normen und Strukturen werden von ihnen in Abhängigkeit zu identitätsbildenden Wissen reproduziert. Im Kontext hierzu, steht das heteronormative Wissen. Geschlecht und Sexualität wird als sich gegenseitig bedingend begriffen und deutet auf die konstruierte natürliche Zweigeschlechtlichkeit und normative Heterosexualität hin.[33] Über dieses Wissen verfügen die Individuen direkt und indirekt, es wird ihnen in sozialen und sozialisatorischen Interaktionen vermittelt, bestätigt und von ihnen reproduziert.[34] Zu allgemein üblichen Problemen der jugendlichen Sexualität, kommt der Druck, sich dem heterosexuellen Sozialisationsrahmen anpassen zu müssen. Jugendliche müssen sich nicht nur als Jungen und Mädchen darstellen, sondern auch als heterosexuelle Jungen und Mädchen. Das Grundgefühl des „Ich bin falsch" und Einschränkungen der Selbstachtung können nicht an die direkte Umgebung kommuniziert werden, da im weiteren Verlauf der sexuellen Sozialisation oft gut zugängliche Personen, die als Modell und Vorbild fungieren könnten, fehlen.[35] Bedingt durch Diskrimierung, stere-

---

[32] Strauß, Bernhard, Bindung, Sexualität und Persönlichkeitsentwicklung, S. 17.
[33] Götsch, Monika, Sozialisation heteronormativen Wissens, S. 25.
[34] ebenda S. 25.
[35] Sielert, Uwe, Einführung in die Sexualpädagogik, S. 96.

otype Vorstellungen und fehlende Vorbilder, verläuft die sexuelle Sozialisation nicht heterosexueller Jugendlicher anders und auch langsamer als die der heterosexuellen. Besonders Jungen weisen große Unsicherheiten im Umgang mit nicht heterosexuellen Jungen und Männern auf und vermeiden jedes Verhalten, welches als solches gedeutet werden könnte. Es wird nicht in Betracht gezogen, selbst homosexuelle Lust zu empfinden und damit nicht der Norm zu entsprechen. Das eigene bewusste Lustempfinden wird nicht als positiv erlebt und kann meistens nicht offen gelebt werden, so ziehen sich die Jugendlichen oft zurück.[36]

Die Akzeptanz steigt jedoch, je mehr Kontakt Jugendliche tatsächlich mit nicht heterosexuellen Menschen haben. Das deutet auch darauf hin, dass Unbekanntes oder Ungewusstes Irritationen, oder auch Aversionen bei Jugendlichen auslösen kann, besonders wenn es nicht der Norm des ihnen vorgelebten entspricht.[37]

3.2 Soziale Herkunft - Schichtspezifische Sozialisation, Eltern und Peergroups als wichtigste Sozialisationsinstanzen

„Mit der Zugehörigkeit zu einer Familie ist Kindern und Jugendlichen auch eine soziale Position im Gefüge der sozialen Ungleichheiten von Klassen, Schichten und Milieus zugewiesen."[38] Sie erwerben in ihren Familien ein Wissen über ihre eigene gesellschaftliche Stellung und erleben sich als Zugehöriger einer privilegierten, oder einer benachteiligten, ggf. auch einer sozial ausgegrenzten Familie. Diese Zugehörigkeit öffnet, oder verschließt ihnen den Zugang zu bestimmten gesellschaftlichen Netzwerken.[39] Die Determinanten des elterlichen Einflusses sind unter anderem, die soziale Zusammensetzung und Struktur der Familie, die Erziehungspraktiken, Veränderungen der Geschlechterverhältnisse, im Sinne einer Infragestellung patriarchalischer Muster männlicher Dominanz und die Pluralisierung von Familienformen. Außerdem und im Kontext zu dieser Arbeit, die kaum mehr gegebene Kontrolle, über geschaute Neue Medien und die damit vermittelten Wirklichkeitsbereiche der Kinder und Jugendlichen.[40] Darauf bezogen, dass Geschlecht und Sexualität von Jugendlichen angeeignet wird, ist auch mit der

---

[36] Götsch, Monika, Sozialisation heteronormativen Wissens, S. 76.
[37] Bernd, Sinon, Quantitative psychologische Studie 2008 aus Götsch, Monika, Sozialisation heteronormativen Wissens, S. 81.
[38] Scherr, Albert, Jugendsoziologie, S. 134.
[39] ebenda.
[40] ebenda, S.135.

Vorstellung verknüpft, dass Jugendliche mit unterschiedlichen und für sie bedeutsamen und einflussreichen Sozialisationsinstanzen, in Interaktion treten. In diesen Interaktionen und durch die dort vermittelten Normen der Sozialisationsinstanzen, „[...] integrieren Jugendliche entsprechende sexuelle Geschlechtlichkeiten in ihr Selbst und machen sie sich als identitäre Aspekte zu Eigen."[41] Im Sozialistaionsprozess wird der Familie und den Peers eine besonders wichtige Rolle zugeschrieben. In der Clique werden Sexualität und auch Geschlechtlichkeit zu wichtigen Themen. Eine gute Einbindung in Peer-Groups erleichtert es Jugendlichen, erste sexuelle Erfahrungen zu machen und mit diesen zu spielen.

In den Peers finden sie die Anerkennung und das Verständnis, welches ihnen in ihren Familien und anderen Lebenssituationen oft fehlt. Andererseits können Gruppen auch einen enormen Druck auf den Einzelnen ausüben.[42] Der Maßstab für Anerkennung wird nun auch mit sexueller Attraktivität begründet.[43] Ihre Freundschaften sind oft hierarchisch und von Konkurrenz geprägt. Durch männlich konnotierte Interessen und Fähigkeiten, erlangen sie einen hohen und anerkannten Status, wie z. B. über sportliche Erfolge oder durch die Attraktivität für Mädchen.[44] Leitbilder bezüglich Geschlecht und Sexualität werden allerdings zum größten Teil in der Familie erworben, jedoch weniger auf direktem Wege.[45] Es ist davon auszugehen, dass die Familie generell die einflussreichste und wichtigste Sozialisationsinstanz ist, besonders in Bezug auf Sexualität. Es gibt viele sehr unterschiedliche und bedeutende Feinheiten, die in Bezug auf Sexualität vermittelt werden können. Dazu gehören nicht nur gesprochene Worte, sondern auch Handlungen und Reaktionen, sowie Tabus, die mit der Zeit zu decodieren gelernt werden.[46] Für die sexuelle Entwicklung sind besonders die Vermittlung von Emotionen und sozialer Kompetenzen von großer Bedeutung.[47] In Hinblick auf die sexuelle Sozialisation, ist die soziale Herkunft im Kontext zu dieser Arbeit außerdem wichtig zu betrachten. Das familiäre Milieu ist ein entscheidender Faktor für die Entwicklung der Jugendlichen. Das z. B. gerade Jugendliche aus bildungsfernen

---

[41] Götsch, Monika, Sozialisation heteronormativen Wissens, S. 85.
[42] ebenda, S. 65.
[43] Götsch, Monika, Sozialisation heteronormativen Wissens, S. 86.
[44] ebenda, S. 88.
[45] ebenda, S. 85.
[46] Heike-Rebecca Stähler, Generation Porno, S. 64.
[47] Götsch, Monika, Sozialisation heteronormativen Wissens, S. 86.

und prekären Milieus oder aus Familien mit hoher Arbeitslosigkeit und stellenweise auch mit Suchtproblemen, ein schlechteres Verhältnis zu ihren Eltern haben, als vergleichsweise Jugendliche aus dem liberalen-intellektuellen, oder aus dem konservativen-etablierten Milieu, ist noch ein wichtiger Faktor. All diese Faktoren beeinflussen die Entwicklung des Heranwachsenden.[48] Zum einen finden sich im familiären Bereich eingeschränkte Kontakte und somit auch weniger Identifikationsmodelle und zum anderen, sind Vereinsamungsgefühle und Konflikte in sämtlichen Lebensbereichen nicht selten. Was innerhalb der Familie für Normen und Regeln gelebt und vermittelt werden, stabilisiert oder destabilisiert - vor allem in jungen Jahren - die Kinder und Jugendlichen.

„Je schwieriger, je unaufmerksamer, oder erst recht je verwahrlosender so ein Milieu ist und je unsicherer die Bindungen sind, je weniger diese Menschen Vertrauenspersonen, stabile und zuverlässige Vertrauenspersonen haben, desto schwieriger ist es."[49] Mit zunehmender Armut und Depression als Strukturmerkmal über Generationen sind entsprechende Irritationen, Unsicherheiten, mangelndes Selbstbewusstsein und Selbstvertrauen bei Kindern und Jugendlichen aus diesen Milieus die Folge.[50] Es muss aber auch klar gesagt werden, dass der Sozialisationsprozess nicht einseitig verläuft und die Umwelt nicht allein für die Sozialisation verantwortlich ist. Der Heranwachsende hat die Möglichkeit auf seine Umwelt aktiv einzuwirken und so seine Sozialisation entscheidend mitzugestalten. In einigen Fällen jedoch unter erschwerten Möglichkeiten.

3.3 Sexuelle Sozialisation und sexuelle Erziehung

Sexualerziehung meint als Praxis „die kontinuierliche, intendierte Einflussnahme auf die Entwicklung sexueller Motivationen, Ausdrucks- und Verhaltensformen sowie von Einstellungs- und Sinnaspekten der Sexualität von Kindern, Jugendlichen und Erwachsenen."[51] Im Mittelpunkt der Sexualerziehung steht der bewusst gelenkte Lernprozess, während die sexuelle Sozialisation auch unabhängig von Sexualerziehung stattfindet, z. B. durch unbedachte alltägliche Selbstverständlichkeiten, Einflüsse von Neuen Medien und positiv oder negativ empfundene Irri-

---

[48] Heike-Rebecca Stähler, Generation Porno, S. 63.
[49] Meyer-Deters aus Heike-Rebecca Stähler, Generation Porno, S. 64.
[50] ebenda.
[51] Sielert, Uwe, Einführung in die Sexualpädagogik, S. 17.

tationen der sexuellen Identität im Laufe der persönlichen Entwicklung.[52] Mit der sexuellen Sozialisation hängt ein wichtiger Aspekt zusammen, der der geschlechtsspezifischen Sozialisation. Der Schwerpunkt liegt auf der Tatsache, dass insbesondere im Kontext der sexuellen Sozialisation das Individuum nach seinem Geschlecht definiert wird und daher entsprechende Normen vermittelt bekommt, nämlich heteronormative.[53] „Die Natur bestimmt, ob wir männlich oder weiblich sind, die Kultur legt fest, was es bedeutet, männlich oder weiblich zu sein."[54] So findet insbesondere auch die sexuelle Sozialisation immer unter dem Vorläufer einer Norm der Heterosexualität statt, die bis heute unsere gesamte Gesellschaft im hohem Maße beeinflusst und gestaltet. Diese Norm verlangt eine Verhaltensweise und ein an das biologische Geschlecht angepasstes Rollenbild.

So erlernen Menschen im Laufe ihres Lebens *Skripte*. Diese werden permanent abgewandelt, zum anderen befinden sie sich in ständiger Konkurrenz zu alternativen *Skripten*. Sie sind daher nicht als deterministisch zu verstehen. Gerade die Kinder- und Jugendphase ist besonders wichtig für die Ausprägung solcher *Skripte*. „Kinder besitzen ein Sexualpotential, das sich in bestimmten Phasen entfaltet, aber je nach Umgebung wird es völlig anders geprägt, und vor allem werden seine Äußerungen völlig anders interpretiert und bewertet [...] es hängt sehr von der betreffenden Umgebung ab, ob ein bestimmtes Verhalten überhaupt als sexuell oder nichtsexuell gilt."[55] Vermittlungsinstanzen können Eltern, Geschwister, Freunde, Schule, Medien, Bücher, Film, Fernsehen und viele Andere sein. Diese vermitteln nacheinander oder gleichzeitig sehr verschiedene alte und neue *Skripte* über „richtiges" und „falsches" Sexualverhalten. Es gibt allerdings wichtige Unterschiede im Laufe der männlichen und weiblichen Sozialisation, die ich in Unabhängigkeit von geschlechtsspezifischer Sozialisation aufzeigen möchte. Diese Arbeit bezieht sich nur auf das männliche Geschlecht, jedoch ist es an einigen Stellen relevant, einen Vergleich zum weiblichen Geschlecht herzustellen. Bei den männlichen Jugendlichen wird Sexualität früher und intensiver in ihr Leben integriert. In den Peers wird sie dazu benutzt, Männlichkeit herzustellen. Schon früh wird eine auf Penisgebrauch und Orgasmus hin ausgerichtete sexuelle Betätigung von Jungen, auch mit anderen Jungen eingeübt. Die Mädchen haben es schwerer -

---

[52] ebenda.
[53] ebenda.
[54] Merz, F. aus Meyer-Deters aus Heike-Rebecca Stähler, Generation Porno, S. 78.
[55] Haeberle, E. J aus, ebenda, S. 79.

oder es wird ihnen erschwert - den eigenen oder einen fremden Körper als Lust-Quelle zu erfahren. Die Entdeckung des eigenen Körpers ist zu oft auf das andere Geschlecht bezogen, bevor ihnen das eigene vertraut wird.[56] Aktive Lust und wechselseitiges Entdecken eigener Vorlieben und Wünsche ist selten und es wird ihnen nicht als primär wichtig suggeriert. Die in der Pubertät sozialisierten geschlechtsspezifischen Verhaltens- und Wahrnehmungsmuster in Bezug auf Sexualität, die erlernten Skripte und der allgemeine Umgang mit Sexualität sind oft bis in das Erwachsenenalter hinein andauernd und beeinflussen das weitere Sexualleben. Der Mutter-Kind-Beziehung wird dabei immer noch ein besonderer Stellenwert beigemessen. All diese Einflussfaktoren können Verursacher von Neigungen und sexuell abweichendem Verhalten sein.[57]

3.4 Entstehung von Orientierung, Neigung und Störung

Bei der Beschreibung sexueller Verhaltensweisen und dessen Abweichung werden häufig die Begriffe Orientierung, Neigung und Störung benutzt. Sinnvoll ist es diese als Zusammenhängend zu betrachten, allerdings verläuft das Auftreten von der Orientierung bis hin zur Störung bei den meisten Menschen eher abnehmend.[58] Eine sexuelle Orientierung bildet fast jeder Mensch aus, mit Ausnahme von asexuellen Menschen. Die in der Jugendphase ausgebildeten Präferenzen und speziellen Fantasien finden ihren Ausdruck in dieser Orientierung. Diese Ausprägungen der speziellen Orientierung können sich von Fantasien bis hin zu ersten sexuellen Kontakten ausdrücken. Fantasien mit sexuellem Zusammenhang bilden dabei die innerliche Vertretung von Sexualität und tragen gleichzeitig zur Entwicklung der sexuellen Vorlieben und Vorstellungen von Beziehungen bei. Neigungen sind bedeutende und personalisierte Erlebnisse sexueller Erregung, die sich in ihrer Besonderheit und Form eventuell auf erste sexuelle Erfahrungen und Zusammenhänge zurückführen lassen. Bei der Entwicklung von Neigungen entsteht meistens ein inneres *Skript*, das zur Befriedigung eine eigene Dynamik besitzt. Dieses *Skript* wird ausschließlich zur Befriedigung der jeweilgen Neigung entwickelt und lässt sich auf bestimmte Lernerfahrungen in der Bindung zu El-

---

[56] Stein-Hilbers aus, ebenda, S. 80.
[57] Junker, Robin, Pornografie und sexuelle Identität, S. 20.
[58] ebenda, S. 19.

tern und anderen Bezugspersonen zurückführen. Mit dem Aspekt der *Skripte* werde ich mich in Kapitel drei und vier genauer auseinandersetzen.

So haben z. B. Studien ergeben, dass eine sichere Eltern-Kindheit-Beziehung häufig zu einem geringeren Interesse an Seitensprüngen führt und beim Sex im allgemeinen der Austausch und der körperliche Kontakt im Vordergrund steht. Menschen die in ihrer Kindheit eine vermeidende Bindung zu ihren Eltern entwickelt haben, sind häufiger offen für Gelegenheitssex ohne Liebe. Sie haben generell bei sexuellen Kontakten ein geringeres Gefühl von Vertrautheit.[59] Diejenigen mit einer ambivalenten Eltern-Kind-Beziehung empfinden sexuelle Praktiken als nicht besonders wichtig, dass Gehaltenwerden steht für sie im Vordergrund. Genauso wurde Masturbation der Partnerbezogenen Sexualität vorgezogen. Hier wird von einem Zwang zur Selbstgenügsamkeit gesprochen. Bei diesem Bindungstyp männlicher Jugendlicher ist eine allgemeine geringere sexuelle Aktivität zu beobachten.[60] Bezüglich sexueller Störungen (Sexualpräferenz), gibt es verschiedene Erklärungsansätze. Aber zuerst müssen Störungen von Neigungen abgrenzt werden. Störungen können ganze Lebensbereiche negativ beeinflussen.

Es sind zwanghafte Wünsche bestimmte Vorlieben zu praktizieren, auch mit einer nicht zustimmenden Person, die zu psychischen und physischen Schmerzen führen können.

Nach Freuds psychoanalytischen Ansätzen, ist eine Störung (Perversion) auf eine fixierte oder gehemmte psychosexuelle Entwicklung zurückzuführen. Wie schon erwähnt, wird nach Freud jedes Kind mit einem starken Sexualtrieb geboren, der auf jedes Objekt angewandt werden kann. Aufgabe der Erziehung ist es, die Sexualität in die „richtigen" Bahnen zu lenken. Passiert das nicht, fällt nach Freud die Sexualität in einen polymorphen (verschiedenartigen) Ausgangszustand zurück und fixiert sich in einem von der Gesellschaft ungewünschten Feld.[61] Auslöser können allgemeine Gehemmtheit, Sexualängste, Tabuisierung von Sex in der Erziehung und auch Probleme der eigenen Geschlechtsidentität sein. Mit dem von der Norm abweichendem sexuellen Verhalten wird versucht, ein nicht-sexuelles Bedürfnis - das in einem vergangenen Lebensabschnitt keine Erfüllung gefunden

---

[59] ebenda, S. 20.
[60] ebenda, S. 20.
[61] Fiedler, Peter, aus ebenda S. 21.

hat - zu befriedigen, da der Mensch nach Vollständigkeit strebt.[62] Wichtig ist sich nicht auf ein Paradigma zur Erklärung von sexuellen Störungen festzulegen. Genauso wie bei der allgemeinen sexuellen Entwicklung an sich ist es sinnvoll, die Entstehung auf mehreren Ursachen beruhend zu betrachten. Bedeutend ist hier die sexuelle Aufklärung der nahestehenden Bezugspersonen- in den meisten Fällen die der Eltern- und eine direkter und Wahrheitsbezogener Umgang mit der sexuellen Neugierde eines Kindes und Jugendlichen.

---

[62] Fiedler, Peter, aus ebenda S. 22.

4 Sexualität im Jugendalter

Sexualität ist weitgehend enttabuisiert worden, ist kein Vorrecht der Erwachsenen mehr und ist von der Ehe, oder von dauerhaften sozialen Beziehungen abgelöst worden. Medial wird sie als ein zentrales *Glücksversprechen* inszeniert. Was sexuell gewünscht ist, was darf und soll, sowie welche Formen von Sexualität möglich und erstrebenswert sind und welche nicht, ist Dauerthema des gesellschaftlichen Diskurses. Das ruft auch in Jugendlichen ein widersprüchliches Gefühl zwischen Normen und Erwartungen hervor.[63] Diese Normen bewegen sich von klassischen Modellen einer keuschen Sexualität, die in einigen sozialen Milieus einflussreich ist, über die Inszenierung von Sexualität als harmloses Freizeitvergnügen bis hin zu pornografischen Formen. Mädchen und Frauen werden hier als „williges Objekt der Begierde" und Opfer dargestellt, Jungen und Männer hingegen als „immer wollende Täter."[64]

In dem folgenden Kapitel möchte ich den Begriff der Sexualität beschreiben und differenzieren. Außerdem möchte ich aufzeigen, wie das Verständnis und das Erleben der Jugendlichen in Bezug auf Sexualität heute ist und welche Rolle die Neuen Medien in Bezug auf Sexualität dabei spielen.

4.1 Beschreibung des Begriffs Sexualität

Bei der Beschreibung von *Sexualität* spielen unter anderem die Fragen eine Rolle, ob das Sexualverhalten triebhaft konzipiert wird, ob die Fortpflanzung als eine wesentliche Funktion der *Sexualität* angesehen wird, oder ob Fantasien und Gefühle, sowie die unzähligen Variationen sexuellen Erlebens und sexueller Vorlieben in die Gegenstandsbestimmung mit einbezogen werden. Der Begriff *Sexualität* ist von grundlegenden wissenschafts- theoretischen, philosophischen und weltanschaulichen Annahmen abhängig. Das Verständnis, wonach Sexualität ein zur menschlichen Biologie gehörendes Grundbedürfnis darstellt, das mit Lust verbunden ist und zur Fortpflanzung dient, wird abgelöst. *Sexualität* wird zunehmend als soziokulturelle Kategorie angesehen. Ein triebhaftes, natürliches und

---

[63] Scheer, Albert, Jugendsoziologie, S. 122.
[64] ebenda.

instinktgebundenes Verständnis von Sexualität bleibt dennoch in vielen Versuchen, *Sexualität* zu bestimmen, erkennbar.[65]

Da sehr viele unterschiedliche Auffassungen und Definitionen von *Sexualität* existieren, sind im Folgenden einige wenige davon aufgeführt:

> „*Sexualität* ist ein „Naturtrieb, der allgegenwärtig, übermächtig nach Erfüllung verlangt"[66]

> „*Sexualität* umfasst alle die dem Sexualleben des Menschen zuzuordnenden Ausdrucksformen (Erlebnisse, Empfindungen, Verhaltens- weisen, Störungen), die sowohl endogen wie exogen motiviert und stets im sozialen Kontext zu interpretieren sind. Daher hat jedes Sexualverhalten eine individuelle / subjektive, soziale / kommunikative sowie neurophysiologisch und lernspezifisch bedeutsame Bezugsebene, das im Einzelfall nach den tatsächlichen Anteilen näher zu bestimmen ist."[67]

Jedoch ist *Sexualität* nicht gleichzusetzen mit dem *Sexuellen*. Das *Sexuelle*, ist das Triebhafte. Es ist unbewusst, primärprozesshaft, in Bewegung, ohne Richtung und Objekt. Es strebt nur nach Lust und Befriedigung, ist noch kein konkreter Wunsch und sozial noch nicht ausgeformt. Sigmund Freud sagte: „die Sexualität gehört zu den gefährlichsten Betätigungen des Individuums".[68] Das trifft auf jeden Menschen zu. Jeder Mensch, hat ein ganz eigenes persönliches Triebschicksal, das ihn prägt und seine Sexualität leitet. Das, was die Gesellschaft als *Sexualität* benennt ist das Gewordene. In einer langen und komplexen Kulturentwicklung, aber auch im Einzelnen wurde und wird sie konkreter ausformuliert und festgelegt. Ob erlaubt oder verboten, heterosexuell, homosexuell oder „pervers", die konkrete *Sexualität* stellt immer schon die Einschränkung und Disziplinierung des *Sexuellen* an sich dar. Der Mensch ist auch ein kulturelles Wesen. Viele Kulturen bauen auf Triebverzicht und auf der Disziplinierung des *Sexuellen* auf. Hier kann von einer zivilisierten kontrollierten Sexualität gesprochen werden, was eine Grundannahme psychoanalytischer Kulturtheorie ist.[69]

---

[65] Heike-Rebecca Stähler, Generation Porno, S. 70.
[66] Stein-Hilbers aus, Heike-Rebecca Stähler, Generation Porno, S. 71.
[67] Krafft-Ebing aus, Heike-Rebecca Stähler, Generation Porno, S. 71.
[68] Freud 1910 aus http://www.psychoanalyse-salzburg.com/sap_zeitung/pdf/Breidenbach.pdf
[69] Breidenbach-Fronius, Eva, Von der Utopie der sexuellen Befreiung, S. 7.

4.2 Jugendsexualität - Wie wird Sexualität verstanden und gelebt?

Studien über Jugendsexualität befassen sich, neben dem Sexualverhalten, auch mit den unterschiedlichen Einstellungen Jugendlicher zur Sexualität, zu Frauen, zu Männern und zu Geschlechterverhältnissen. Werden Jugendliche nach Milieus unterschieden zeigt sich, dass Jugendliche aus traditionellen und bürgerlichen Milieus zu expliziten Geschlechtervorstellungen neigen und eine starke Familienorientierung aufweisen. Sie bevorzugen dauerhafte, heterosexuelle und „glückliche" Beziehungen und Familien mit einer klassischen und traditionellen Arbeitsteilung. Einen ausgeprägten Individualismus, sowie deutlich größere Offenheit und Toleranz weisen die Hedonistischen-Jugendlichen, die Modernen-Performer und die Postmateriellen-Jugendlichen auf. Sie hinterfragen Ungleichheiten, sowie herkömmliche Nomen und Werte.[70] In diesen Studien wird allerdings wenig explizit nach Geschlecht und Sexualität gefragt, was in den meisten Jugendstudien der Fall ist. Oftmals wird nach Liebe und Partnerschaft gefragt, was als Oberkategorie für Sexualität gilt und diese implizieren soll. Jedoch wird hier den Jugendlichen keine autonome Sexualität zugesprochen, sondern nur im Zusammenhang mit Liebe und Partnerschaft davon ausgegangen, dass Sexualität stattfindet. Die Vorstellung über all das, was Liebe im Grunde ist, wie sie vielleicht entsteht und welche Wege sie gehen kann, ist fester Bestandteil des jugendlichen Daseins, noch lange bevor dieser oder diese selbst an eine ernsthafte Bindung denkt.

Ab der Pubertät werden Jugendliche als sexuell reagierende und handelnde Individuen wahrgenommen. Diese Entwicklungsphase hatte ich schon in Kapitel der sexuellen Sozialisation erläutert. Der Zeitpunkt der Heirat spielt heute keine Rolle mehr, da Sexualität zu einem zentralen Markenzeichen von Jugend geworden ist.[71] Gleichzeitig befinden sich Jugendliche heute durch das Fehlen genereller Regeln und Normen zunehmend widersprüchlicher Verhaltensmaßregeln ausgesetzt.[72] Im Vergleich zur heutigen und der Vorgängergeneration der Jugendlichen zeichnen sich jedoch folgende Aspekte ab: Das Alter des ersten sexuellen Kontakts hat sich leicht nach unten verschoben, jedoch hat sich das Alter laut der BzGA[73] nicht gravierend verändert. Viele Jugendliche fühlen sich unsicher und haben Wissens-

---

[70] Götsch, Monika, Sozialisation heteronormativen Wissens, S. 78.
[71] Krafft-Ebing aus, Heike-Rebecca Stähler, Generation Porno, S. 73.
[72] Krafft-Ebing aus, ebenda S. 74.
[73] Bundeszentrale für Gesundheitliche Aufklärung.

lücken was Sexualität betrifft, obwohl die Aufklärung in den Schulen früher stattfindet. Sie haben auch weniger Möglichkeiten ihre Sexualität spielerisch und neugierig zu erleben und auszuprobieren, da sie schon konkrete Bilder zur Sexualität im Kopf haben. Aus diesem Grund ist es schwieriger eigene Erfahrungen zu sammeln da der Druck stetig steigt. Sie befürchten den Leistungsansprüchen an die Sexualität nicht genügen zu können. Dieser Druck entsteht nicht nur durch den Pornografiekonsum, sondern auch durch die Modelle, die die Massenmedien allgemein zu Körperbildern und Sexualität verbreiten.[74] Das betrifft sowohl männliche als auch weibliche Jugendliche. Tendenziell haben Jugendliche aber heute einen größeren Freiraum was die Entfaltung von Sexualität betrifft. Eltern setzten Jugendlichen deutlich weniger Grenzen, was allerdings im Falle von Orientierungslosigkeit noch weiter verunsichern kann. Außerdem hat die Häufigkeit von Geschlechtsverkehr abgenommen, was aber auf eine allgemeine sexuelle Langeweile, die gesellschaftlich kursiert, bezogen werden kann. Peter Fiedler, Forscher der klinischen Psychologie und Psychotherapie in Heidelberg, hat dazu in "Gehirn & Geist"[75] geschrieben, „[...] in dem Maß, wie die traditionelle Sexualmoral mit ihren Verboten, Sanktionen und Schuldgefühlen verschwand, machte sich scheinbar Langeweile breit. Offensichtlich besaßen gerade die unerfüllten, oft verbotenen oder tabuisierten sexuellen Wünsche und Bedürfnisse eine große Triebkraft."[76] Was Tabu ist, reizt häufig am meisten, nirgendwo ist das so offensichtlich wie beim sexuellen Verhalten. Die andauernde Endtabuisierung von Sex seit dem letzten Drittel des vergangenen Jahrhunderts, seine Allgegenwärtigkeit in der Öffentlichkeit, in der Werbung, im Fernsehen, in der Presse und in der Literatur, hat nicht etwa dazu geführt, dass mehr Sex praktiziert wird, sondern, dass den Menschen die Lust darauf offensichtlich mehr und mehr vergeht. Das ist bei Erwachsen, wie bei Jugendlichen gleichermaßen der Fall. Jugendliche scheinen jedoch genau zu wissen was zu tun ist, vor ihren Augen laufen ganze Filme ab, schließlich wissen sie aus dem Fernsehen worauf es beim Sex ankommt, alle Details sind ihnen bekannt. Wie keine andere Generation vor ihnen sind sie mit so viel Nacktheit und pornografischen Bildern großgeworden. Dies ist sehr bedenklich, denn „[...] schon immer bestand der sexuelle Körper aus sinnlichen Wahrnehmungen,

---

[74] Grimm, Petra, Porno im web 2.0, S. 222.
[75] Magazin für Psychologie und Hirnforschung "Gehirn & Geist" (Heidelberg).
[76] http://www.tagesspiegel.de/weltspiegel/sexuelle-langeweile-ohne-tabu-ist-sex-tabu/1258302.html

zusammengehalten durch Fantasie."[77] Die Nacktheit wird nicht mehr nur als „biologisch" angesehen, sondern wird sofort mit Sexuellem assoziiert. Wie also sollen Jugendliche die Erfahrung machen, die Sexualität zu „erkunden", wenn sie unter ständigem Einfluss der Neuen Medien stehen?[78]

4.3 Sexualität und Neue Medien

Im Hinblick auf die Auswirkungen der Neuen Medien gibt es in Deutschland viele und unterschiedliche Befürchtungen, aber bislang nur wenig empirische Forschung. Zweifellos beeinflussen die Bedingungen, die das Internetzeitalter mit sich bringt, die sexuelle Sozialisation und das sexuelle Verhalten von Jugendlichen beiden Geschlechts.[79] Medien werden neben dem Elternhaus, der Peers und der Schule als wichtigste Sozialisationsinstanz angesehen, die Auswirkungen auf das Geschlecht und Sexualitäten haben.[80] Kinder und Jugendliche können mittlerweile zu jeder Zeit im Internet, über DVD, oder über das Smartphone unzählige Menschen beim Geschlechtsverkehr beobachten. Sie erlernen daher die Sexualität durch das Zuschauen und entdecken sie nicht mehr nur über sich selbst. Dabei sind keine „liebenden" Vorbilder zu sehen, sondern der Geschlechtsakt wird zur gefühllosen „Nummer" degradiert, ohne jegliche Achtung vor dem Sexpartner. Das Recht auf Sexualität und das Wissen um Befriedigungsmöglichkeiten, haben den Verhaltensspielraum offener, damit aber auch unsicherer und bestimmt nicht einfacher gemacht.[81] Jugendliche unterscheiden zwischen realem und virtuellen Erfahrungsraum und bevorzugen entweder das Eine oder das Andere, oder sehen die Gemeinsamkeit der Nutzung beider Erfahrungsräume als Möglichkeit an. Für männliche Jugendliche ist der Konsum von Pornografie „normal" und gehört zum alltäglichen Medienkonsum dazu.[82] Dennoch werden von einigen Jungen die Darstellung der Frau als „Sexobjekt" und der mögliche Einfluss auf die eigene Sexualität kritisch reflektiert. Zu dem Ergebnis kam eine Schülerbefragung von 2005.[83]

---

[77] Schetsche, Michael: Pornographie im Internet, aus Schumacher, Jessica, die Sexualisierung der Gesellschaft S. 46.
[78] ebenda.
[79] Matthiesen, Silja, Jugendsexualität im Internetzeitalter, Studie der BzGA, S. 15.
[80] Götsch, Monika, Sozialisation heteronormativen Wissens, S. 90.
[81] Heike-Rebecca Stähler, Generation Porno, S. 74.
[82] Weller, Konrad aus Götsch, Monika, Sozialisation heteronormativen Wissens, S. 91.
[83] Weller, Konrad aus Götsch, Monika, Sozialisation heteronormativen Wissens, S. 91.

Das liegt etwas zurück, jedoch sind die Studien zu Pornografie und der Einfluss auf Jugendliche in Deutschland sehr rar. Aktueller ist eine Studie der BZgA, „Jugendsexualität im Internetzeitalter" von 2011, auf die ich im Folgenden eingehen werde. Diese Studie von Silja Matthiesen ist mit über 160 männlichen und 160 weiblichen Jugendlichen aus unterschiedlichen sozialen Schichten repräsentativ, hat jedoch einen recht kleinen Umfang, aber befragt im Gegensatz zur beispielsweise der Shell-Jugend-Studie[84], sehr konkret zum Pornografiekonsum und zum Sexualleben der Jugendlichen.

Der Zugriff junger Männer auf pornografisches Material erfolgt oft über das Internet, oder über das Smartphone. Von ihnen werden ausschließlich kostenlos angebotene Streams konsumiert. Die Befragten erwähnen in den Interviews konkrete Seiten. Die Pornonutzung der Jungen ist schichtübergreifend, aber akzentuiert in der Mittelschicht. 47 % der Gymnasiasten, aber nur 21 % der Berufsschüler dieser Stichprobe berichten über eine besonders hohe Pornografienutzung. Die männlichen Jugendlichen beschreiben in dieser Studie sehr klar welche Pornografie sie bevorzugen. „Erregende und zur Masturbation taugliche pornografische Streams oder Filme sollen „normalen" Sex von Mann und Frau zeigen, sie sollen „natürlich" und „echt" sein".[85] Verschiedene, auch „ungewöhnliche" Praktiken sind erwünscht, ebenso wie Oralsex. Heterosexueller Analverkehr hingegen liegt aber schon jenseits der Grenze des Akzeptierten. Der Sex im Porno soll so ähnlich sein, wie der, den sie selbst praktizieren oder sich vorstellen, vielleicht ein wenig aufregender, spezieller und gewagter. Die Präferenzen, ihrer wählerischen Nutzung von Pornografie ist insgesamt konventionell und heterosexuell konzentriert.[86] Wie aber auch andere Studien berichten, gibt es eine Teilung der pornografischen Welt, nämlich die „normale" und die „sonderbare", die „bizarre" und „abartige" und die der Fetische. Erstere werden weitaus am häufigsten genutzt, in der Regel allein und oft im Zusammenhang mit Masturbation. „[...] Pornografie, wird zwar zum Zweck der sexuellen Erregung produziert, aber nicht jedes Pro-

---

[84] Die Shell- Jugendstudie ist eine quantitativ durchführte Studie und ist repräsentativ. http://www.shell.de/ueber-uns/die-shell-jugendstudie.html
[85] Matthiesen, Silja, Jugendsexualität im Internetzeitalter, Studie der BzGA, S. 172.
[86] ebenda.

dukt errege jeden Betrachter, deshalb gebe es nichtpornografische Pornografie."[87] Abgelehnt werden alle gewalttätigen Handlungen, allerdings können diese Ablehnungen der Jugendlichen auch als sozialerwünschte Antworten angesehen werden,[88] denn den Zugang zu gesetzlich verbotenem Material haben die Jugendlichen sowieso. Beispielsweise aus der Befragung von Sozialpädagogen, Pfarrern und Beratungsstellen psychosozialer Dienste, die Walter Wüllenweber in seinem Buch „die Asozialen" sehr konkret ausführt, geht ein ganz andrer Eindruck der Jugendlichen hervor. Auf diesen Aspekt werde ich im folgenden und letzten Kapitel eingehen.

---

[87] „Pornography is that depiction manufactured with the intent to produce erotic excitement. Pornography is pornographic when it does excite. Not all pornography, then, is pornographic to all", Stoller (2009), aus ebenda, S. 177.
[88] Matthiesen, Silja, Jugendsexualität im Internetzeitalter, Studie der BzGA, S. 172.

5 Lebenswelten und Porno

Im folgenden Kapitel möchte ich einen Einblick in die Lebenswelt des Pornofilmkonsumierenden Jugendlichen schaffen. Im Aufbau dieser Arbeit war es meine Intention, ein Bild des männlichen Jugendlichen herzustellen. Woher dieser kommt, wie er sich entwickelt hat, wie er seine Sexualität auslebt, erlebt und wer ihn beeinflusst. Nun wird es sich darum handeln, ob der Pornofilm die Jugendlichen in ihrer Sexualität beeinflussen kann und ob Porno wirklich eine so große Wirkung hat, dass von einer Pornografisierung der Gesellschaft gesprochen werden kann und gar eine ganze Generation danach benannt wird? Hierfür habe ich mich mit mehreren Studien beschäftigt und diese verglichen. Zunächst möchte ich den Begriff der *Lebenswelt* und den des *Pornofilms* beschreiben und im Folgenden die Ergebnisse der verglichenen Studien aufzeigen und zusammenfassen. Der Begriff der Lebenswelt wird „[...] als die Wirklichkeit, in der ein Mensch lebt, an der er unausweichlich und regelmäßig teilnimmt und die er nicht in Frage stellt" beschrieben.[89] „Die Lebenswelt ist der Inbegriff einer Wirklichkeit, die erlebt, erfahren und erlitten wird."[90] In der Lebenswelt tragen das eigene Erleben und Erlebnisse von Mitmenschen zu einem bestimmten Vorrat an Wissen bei, wonach Menschen dann tatsächlich handeln. Bewältigt wird die Lebenswelt dann im Tun, Menschen greifen handelnd in diese ein und verändern somit ihre Wirklichkeit.[91]

5.1 Beschreibung des Begriffs Porno (-Film)

„Im allgemeinen Sprachgebrauch wird die Abkürzung „Porno" verwendet. Sie bezieht sich insbesondere auf Filme in denen sexuelle Handlungen und Abbildungen der Geschlechtsteile der Darsteller die zentralen Inhalte bilden"[92] Der Begriff wird seit der Verfügbarkeit moderner Technologien zur Herstellung und der Verbreitung der Pornofilme kontrovers diskutiert. Ausgangspunkt der Diskussion war und ist Heute noch die Annahme, dass Pornofilme eine Gefahr für die Moral der Gesellschaft darstellen. Die Bewertung von *Pornografie* unterliegt vielfach den gängigen historisch geprägten Moralvorstellungen und somit haben auch Definitionen einen relativen Charakter. In dieser Arbeit soll Pornografie aber in keinem

---

[89] Heike-Rebecca Stähler, Generation Porno, S. 62.
[90] Schütz / Luckmann aus ebenda.
[91] ebenda.
[92] Gloel, Andreas: Pornografie und Sexualverhalten, eine qualitative Studie, S. 10.

Fall bewertet oder definiert werden. Jedoch habe ich bereits in meiner empirischen Forschungsarbeit zu einer ähnlichen Thematik, anhand der von mir geführten Interviews mit männlichen Probanden, einen Einfluss und auch eine Wertung der Einzelnen erkennen können.[93]

Ein typischer Pornofilm zeigt unterschiedliche aufeinanderfolgende Szenerien, die meistens eine Dauer von ca. 5 und 30 Minuten haben. In den Filmen dargestellt werden sexuelle Praktiken wie Masturbation, vaginaler und analer Geschlechtsverkehr und Oralverkehr. Bezeichnet werden diese sexuellen Handlungen in „Pornosprache" aber als „Arschfick", „Deepthroat" oder auch „Double Penetration".[94] Charakteristisch ist auch, das Sex keines besonderen Anlasses bedarf und für alle Beteiligten immer und überall Spaß macht. Meistens findet der Sex zwischen Unbekannten oder flüchtigen Bekannten statt. Außerdem spielt im „Mainstream-Porno"[95] oder im „Hard Core Porno"[96] das Thema Liebe keinerlei Rolle. Es geht ausdrücklich nur um die Darstellung des reinen Sexualaktes, oftmals auch nur durch die bloße Darstellung von Geschlechtsorganen. Bindungen und Eifersucht sind nicht von Belang. Es kommt zur völligen Ersetzbarkeit von Beziehungen. Es existiert selten eine Vermittlung von beidseitigen Einverständnisses oder vom sexuellen Verständnis für wichtige emotionale Prozesse. Die Frau wird in den meisten Fällen so dargestellt, als wäre sie allzeit zum Sex bereit und der Mann hingegen wird als nie ermüdender „Sex-maniac"[97] propagiert. Der Zuschauer kann hier dazu angeregt werden bestimmte Erwartungen bezüglich des realen Sexlebens zu entwickeln und einen inneren Leistungsdruck aufzubauen. Aktuell entwickeln sich allerdings auch neue Formen von Pornofilmen. Gedreht werden diese unter der Regie von Frauen.[98] Diese werden von ihnen produziert und enthalten eine Handlung. Jedoch ist die Pornoindustrie auch weiterhin eine von Männern dominierte Branche.

---

[93] Empirische Arbeit, Generation Porno? Welchen Einfluss hat der Pornofilm auf Männer zwischen 25 und 35 Jahren? Und wie sieht die Rolle der Frau im Bezug auf die reale Sexualität aus?
[94] Bezeichnung von sexuellen Handlungen, zu finden auf z. B. www.youporn.de
[95] Sex-Filme ohne Handlung aus Junker, Robin, Pornografie und sexuelle Identität, S. 10.
[96] Sex-Film mit Gewalt und/oder Fetisch, aus ebenda.
[97] www.dict.cc/englisch-deutsch/sex+maniac.html
[98] Erika Lust ist Vorreiterin auf dem Gebiet.

5.2 „Generation Porno" - Sexuelle Werte und Normen im Wandel? - Einfluss und Wirkung auf die jugendliche Sexualität

Ob mit dem uneingeschränkten Zugang zur Internetpornografie auch eine Veränderung des Sexualverhaltens einhergeht, kann wissenschaftlich noch nicht belegt werden. Das Phänomen ist gerade mal 15 Jahre alt und damit noch recht jung. Als erste Generation wurden die ab 1990 geborenen, primär über Internetpornografie sexualisiert, auch die „Generation Porno" genannt. Das diese Sexualisierung Folgen haben kann ist wahrscheinlich, jedoch nicht belegbar.

Kinder und Jugendliche werden expliziter Pornografie zwangsläufig ausgesetzt noch bevor sie eigene sexuelle Erfahrungen sammeln können und wissen, was das ist, was das bedeutet und wie sie das verarbeiten sollen.[99] Pornografie ist Fiktion! Genau das können aber vor allem sexuell unerfahrene Jugendliche kaum realisieren. Sie konsumieren Pornos als idealtypischen Sex. Das das einen Einfluss auf die Sexualität der Jugendlichen haben kann, ist daher naheliegend. Diese Generation wird geflutet von sozial-normativen Anforderungen im Sexuellen. Sie sollen alle Praktiken kennen und können. Viele überfordert das. Jugendliche stehen unter dem Druck von Selbstoptimierung und unglaublicher Möglichkeiten, auch im Sexuellen. Für viele Jugendliche bedeutet das dann, dass sie all jenes nicht mehr wollen und Treue und Verbindlichkeit eine wichtigere Rolle als in früheren Geburtsjahren spielt.

Sex findet vor allem für viele männliche Jugendliche in Form von sexueller Selbstbefriedigung statt, sie stoßen im Internet auf eine ganz eigene Welt als die der "Echten". Die Folge kann hier ein Rückgang des partnerschaftlichen Geschlechtsverkehrs sein.[100] Es muss aber unterschieden werden, ob sich Jugendliche bewusst dafür entscheiden Pornos anzusehen, sei es um sich zu stimulieren, sei es aus Langeweile, wegen der Gruppenzugehörigkeit, oder ob der Porno im Hintergrund läuft, wie bei anderen z. B. ein Musiksender. Hier liegt die Ursache nämlich nicht bei den Jugendlichen, sondern bei den Eltern, die die Filme ganz freizügig im Beisein selbst kleinster Kinder laufen lassen. Dazu kam die Studie von Heike-Rebecca Stähler, „Generation Porno". Sie hat in ihrer Dissertation bewusst Jugendliche ausgewählt, die in schwierigen sozialen Verhältnissen aufwachsen und der

---

[99] http://www.zeit.de/campus/2017-05/generation-y-sex-sexualtherapie-bzga
[100] ebenda.

bildungsfernen Schicht zuzuordnen sind. In dieser Studie berichteten die Jugendlichen, das bei ihnen zu Hause eigentlich immer Pornos laufen.[101]

Das Interesse an Pornos ist „normal", das war schon in vergangen Generationen der Fall. Aber heutzutage wird das nicht mehr gefiltert, die Jugendlichen leben in Familien, in denen nicht darüber gesprochen wird und die Bilder nicht als etwas Irreales eingeordnet werden. „Viele Jugendliche küssen sich nicht mehr, weil im Porno nicht geküsst wird. Sie verhüten nicht, weil im Porno nicht verhütet wird".[102] Pornos bilden Wirklichkeiten ab, in besonders eindrucksvoller Weise dann, wenn es sich um reale Aufnahmen handelt. Diese Aufnahmen enthalten „Informationen" besonders über: „Bau und Funktion der äußeren Geschlechtsorgane, mögliche Formen von Geschlechtsverkehr, situative Einbettung von Sexualität, Einstellungen von Männern und Frauen zum Sex im Allgemeinen und zum Geschlechtsverkehr im Besonderen und zu ihren jeweiligen Geschlechtspartnern".[103] Für viele dieser befragten Jungs bedeutet Sex auch Macht. Macht über eine andere Person, über ihre eigene oft ausweglose Situation, über ihre Langeweile und über ihren eigenen Körper. Auch sind Gewalt, Aggression und Missbrauch keine Seltenheit. Als wichtigster Grund für diese Gewalt ist ihr sexuelles Verhaltensdrehbuch, ihr *Skript*, das sich in den Köpfen vieler junger Menschen eingeschrieben hat. Männer sollen fordern und Initiative ergreifen, während Frauen kontrolliert werden wollen. Diese Normen werden auch aus pornografischen Darstellungen erlernt, die häufig Gewalt beinhalten. Frauen sträuben sich dabei zuerst vor der Gewalt, willigen jedoch ein, da sie diese offenbar als stimulierend empfinden.[104] Hier kann ein *Nein*, in der realen Welt mit einem *Ja* aus der virtuellen Welt verwechselt oder sogar ignoriert werden, da der Porno den Jungen suggeriert, dass *Nein* eigentlich *Ja* bedeutet. Durch den Gruppenzwang unter Peers werden die sexuellen „Drehbücher" schließlich weitergegeben und gefestigt.

Wenn die auslösenden Faktoren einer sexuellen Störung betrachtet werden, sind es mehrere Einflüsse die scheinbar durch den Konsum von Pornografie unterstützt werden können. Da in der Pornografie die Vermittlung vom emotionalen Verständnisses des Gegenübers und die Notwendigkeit des Eiverständnisses zum

---

[101] Heike-Rebecca Stähler, Generation Porno, S. 110.
[102] Heike-Rebecca Stähler, Generation Porno, S. 113.
[103] ebenda.
[104] ebenda, S. 114.

Geschlechtsverkehr fehlen, kann sich das natürlich auch negativ auf die sexuelle Entwicklung auswirken.[105] Außerdem kann die Bestätigung des erlernten *Skriptes* unter Umständen auch bei vermeidenden Persönlichkeiten zu „zwanghaften" und „süchtigen" Pornokonsum führen.[106] Auf diesen Aspekt hatte ich bereits in Kapitel 2.4 hingewiesen.

Die Freiwilligkeit des Körperkontaktes hat zwar für das „Funktionieren" einer Beziehung eine hohe Bedeutung, doch durch die teilweise erfolgte Pornosozialisation kann das zerstört werden. Beziehungen haben für die befragten Jungs keine, oder keine große Bedeutung mehr. Viele, die sich auf die eine oder andere Weise - sei es in der Familie oder mit einer potenziellen Partnerin - auf eine Beziehung einlassen wollten, sind enttäuscht worden. Die Konsequenz ist, eine ablehnende Haltung gegenüber einer längerfristigen Beziehung, in jener sie auch Verantwortung übernehmen müssten.[107]

5.3 Pornosozialisation und sexuelle Verwahrlosung - Habitualisierungseffekt-Hypothese

Durch die alltägliche Konfrontation mit Sexualität im Fernsehen wird die Sexualität der Jugendlichen verändert. Belegt hat das die Emnid-Untersuchung im Auftrag des SPIEGEL unter 700 repräsentativ ausgewählten Jugendlichen zwischen 12 und 19 Jahren bereits 1998.[108] Diese Studie liegt allerdings fast 20 Jahre zurück. In dieser Zeit hat eine Art „Pornorevolution" stattgefunden. Somit kann ich mich - wie die meisten die sich mit dieser Thematik beschäftigen und dazu forschen - unter anderem nur auf die schon im vorherigen genannte Studie der BZgA von 2011 beziehen, sowie die Aussagen von SozialpädagogeInnen, ErziehungswissenschaftlerInnen, HirnforscherInnen, TherapeutInnen, SexualwissenschaftlerInnen und BeamteInnen in Jugendämtern heranziehen. Wie unter anderem in Walter Wüllenwebers Buch „die Asozialen" und auch in der Diplomarbeit von Jessica Schumacher „die Sexualisierung der Gesellschaft" berichtet und bestätigt der Sozialpädagoge Thomas Rüth, der ein Jugendhilfe-Netzwerk der Arbeiterwohlfahrt in Essen-Katerberg leitet, die Aussagen anderer SozialpädagogeInnen, dass

---

[105] Junker, Robin, Pornografie und sexuelle Identität, S. 24.
[106] ebenda, S. 25.
[107] Heike-Rebecca Stähler, Generation Porno, S. 114.
[108] http://www.spiegel.de/spiegel/print/d-8440421.html

in den Familien, die von den SozialarbeiterInnen besucht werden, Pornos laufen.[109] Wenn nicht im TV, so werden sie dann auf dem Handy geschaut. ExpertInnen nennen dies „sexuelle Verwahrlosung".

Pornografie lehrt: „Sex ist überall möglich und gut, zu jeder Zeit und mit jedermann, Sex hat keine Konsequenzen, das Aussehen bestimmt den Wert der Menschen, Sex ist ein Zuschauersport, der möglichst öffentlich stattfinden sollte, Treue ist langweilig, Frauen müssen immer zu allem bereit sein und sie sind nackte Wesen und vor allem zur Befriedigung geschaffen, Männer sind immer die Bestimmenden und Gewalt bzw. Schmerzen und Sex gehören zusammen."[110]

Thomas Rüth berichtet, dass diese Kinder und Jugendlichen alles über sexuelle Praktiken wüssten, allerdings wenn von Liebe und Zärtlichkeit gesprochen wird, stößt er auf Unverständnis. In Beratungsstellen in Neukölln werden Pornos sogar nachgespielt. Jungs haben mit Mädchen willkürlichen Geschlechtsverkehr, der oft sogar mit der Handy Kamera festgehalten wird. Parallelen werden auch beim Musikgeschmack der Jugendlichen sichtbar, „Frauenarzt" ist *der* Porno-Rapper unter den Jugendlichen. Dieser ist aufgrund seiner pornografischen Gewaltdarstellungen vorbestraft. „Natürlich guckt die gesamte Gesellschaft Pornos, nicht nur die Unterschicht, aber die Unterschicht konsumiert mehr Pornos",[111] sagt Jakob Pastötter, der Präsident der Deutschen Gesellschaft für sozialwissenschaftliche Sexualforschung. Dieser hat am Kinsey Institut in den USA über Pornografie promoviert. Die Auswirkungen des permanenten Pornokonsums, vor allem in unteren sozialen Schichen, sind nicht abzusehen. „[...] Die Ästhetik, die Sprache, das Verhalten in Pornofilmen, all das entwickelt sich zu Rollenvorbildern für die, denen die Vorbilder abhanden gekommen sind".[112] „ [...] Pornografie entwickelt sich zur Leitkultur der Unterschicht".[113] Da der Forschungsstand wie vorhin schon beschrieben sehr knapp ist, gibt es dafür keinen eindeutigen wissenschaftlichen Nachweis. Diese Aussagen sind Erfahrungswerte vieler PraktikerInnen, die in Kindergärten, Schulen oder sozialen Einrichtungen arbeiten und im engeren Kontakt mit den Kindern und Jugendlichen sind und diese auch zu Hause besuchen,

---

[109] Wüllenweber, Walter, Die Asozialen, S. 101.
[110] Schumacher, Jessica, Die Sexualisierung der Gesellschaft S. 45.
[111] Pastötter, Jakob, aus Walter Wüllenweber, die Asozialen, S. 103.
[112] ebenda.
[113] ebenda.

um sich einen Eindruck von ihren Lebensumständen zu verschaffen. Diese sind häufig erschreckend. Kinder schauen selbst mit ihren Eltern Pornos, dies geschieht zwangsläufig. Die Folgen daraus, Jungen ziehen Mädchen in die Ecke und „spielen" Sex, z. B. „Vergewaltigung" das berichtet der Psychotherapeut Karl Wahlen, der Leiter einer Beratungsstelle in Neukölln ist. In diesem Fallbeispiel, ein Sechsjähriger, dessen Mutter erzählt, dass sie mit ihrem Freund regelmäßig Filme ansehe, in denen Vergewaltigungsszenen vorkommen. Ihr Sohn dürfe dabei mitschauen. Der Mutter erklärte der Psychologe, dass dieses gemeinsame schauen eine enthemmende Wirkung auf das Kind haben könnte. Wochen später berichtete ihm die Mutter, dass sie es nicht schaffe, auf die Pornos zu verzichten, aber sie diese nicht mehr im Beisein ihres Sohnes schauen würde. Er werde in sein Zimmer geschickt, um die Pornos dort zu gucken, nur diesmal allein.[114] Dieser andauernde Pornokonsum führt dazu, dass die Sensibilität gegenüber den sexuellen Darstellungen gemindert wird und die KonsumentInnen mit Interessenverlust und Abnahme der sexuellen Erregung reagieren.

Das besagt die Habitualisierungseffekt-Hypothese.[115] In der Psychologie wird außerdem davon ausgegangen, „[...] dass die Ausbildung von Habits (Gewohnheiten) aus dem Konzept der reaktiven Hemmung entsteht. Dabei wird die Gewohnheitsstärke maßgeblich bestimmt durch die Anzahl der Verstärkungen, die Art und, dass Ausmaß der Verstärkungen und das Zeitintervall, das zwischen Reiz, Reaktion und Verstärkung liegt".[116] „[...] Wenn sich jemand dauernd Pornos anschaut mit Gewaltszenen und *Gangbang*[117], da finden Veränderungen im Gehirn statt, da findet ein Lernprozess statt. Man sieht dann Dinge als völlig normal an, die man vorher vielleicht als pervers oder abartig angesehen hätte."[118] Obwohl kaum davon auszugehen ist, das Pornofilme keinerlei Wirkung auf die sexuelle Entwicklung haben, gibt es trotzdem Theorien, wie der Theorie der Wirkungslosigkeit[119], die meint, dass Pornos so unrealistisch seien, dass für die Jugendlichen keine Gefahr bestünde, dass Geschaute in ihr Wirklichkeitsbild aufzunehmen. Die Be-

---

[114] Walter Wüllenweber, die Asozialen, aus Schumacher, Jessica, Die Sexualisierung der Gesellschaft S. 46.
[115] Heike-Rebecca Stähler, Generation Porno, S. 93.
[116] ebenda.
[117] Gruppensex.
[118] ebenda.
[119] ebenda.

zeichnung „Pornofilm" allein mache deutlich, dass es sich um einen rein sexuellstimulativen Film handelt.[120] Beide Theorien können ebenfalls auf Gewalt in Videospielen angewandt werden. Ebenfalls wird hier kontrovers diskutiert, ob massive Gewalt Einfluss auf das Wirklichkeitsbild von Jugendlichen haben kann. Auch hier können keine langfristigen Auswirkungen beobachtet und verlässliche Aussagen getroffen werden. Meist sind es wesentlich komplexere Zusammenhänge, die zu Gewalt und Aggression führen. Viele Fälle gewalttätiger Jugendlicher machen einmal mehr erschreckend deutlich, woran es jungen Menschen am häufigsten fehlt: Ein Umfeld, welches sich für ihren Alltag interessiert, sie auffängt, aufbaut, erzieht und sie umsorgt.[121]

Alle diese genannten Fallbeispiele sind Einzelfälle, jedoch kommen sie nach Erfahrungsberichten von BetreuerInnen nicht selten vor. Und auch wenn es sich nur um Einzelfälle handeln sollte, kann in diesen Fällen von einer (sexuellen) - Verwahrlosung mancher in Deutschland lebenden Kinder gesprochen werden und eine Übernahme bestimmter Gewohnheiten ist möglich.

5.4 Pornografisierung und Sexualisierung der Gesellschaft, oder zugespitzte Dramaturgie?

„[...] Als Sexualisierung der Gesellschaft bezeichnet man die ständige bzw. ständig wachsende Präsenz von Sexualität in der Öffentlichkeit, in der gesellschaftlichen Wahrnehmung und im Bewusstsein der Menschen".[122] Durch einen immer lockereren Umgang mit Sexualität in den letzten Jahrzehnten, konnten Tabus gebrochen und freizügiger gelebt werden. Jedoch können ein zu lockerer Umgang und ein Schwinden von Tabus noch unabsehbare Folgen mit sich bringen. Die Freizeitgestaltung vieler Kinder - was sich durch alle gesellschaftlichen Schichten zieht - übernehmen in unserer Gesellschaft vermehrt die Medien, wie Fernseher, Werbung, Computer, Internet, Musik, Zeitschriften, Facebook und WhatsApp.

Offenkundig leben wir im „Medienzeitalter". Vor allem nimmt aber die unkontrollierte Nutzung der Medien zu. Die meisten Kinder und Jugendlichen besitzen ein eigenes Smartphone und somit kann sich jeder unkontrolliert Gewalt- oder Por-

---

[120] Schreibauer, M., aus ebenda.
[121] http://www.stern.de/digital/computer/pro-und-contra-muessen--killerspiele--verboten-werden--3330394.html
[122] Jessica, Die Sexualisierung der Gesellschaft S. 12.

no- Videos aus dem Internet herunterladen, sich diese ansehen und Freunden schicken. Vieles ist ganz „normal" und alltäglich geworden. Eine nackte Frau posierend auf einem Werbeplakat, doppeldeutige oder eindeutige Werbebotschaften zu jeder Zeit im TV. Schönheitsstandards, Idealisierungen von Geschlecht oder Sexualität sind in der Öffentlichkeit präsenter denn je und auch im Bewusstsein der Kinder und Jugendlichen. Werte und Moral schwinden, die Orientierungsmöglichkeit fehlen. Die freiwillige Entgrenzung der Intimität findet schon in den sozialen Netzwerken statt. Private und intime Informationen werden online gestellt. Freizügige Bilder werden hochgeladen, oder über Nachrichten verschickt (sexting)[123]. Als Vorlage für die Eigendarstellung im Netz dient oft eine pornografische Ästhetik, wie sie in der Werbung, in Musikvideos und im Internet vermittelt wird. In Wechselwirkung mit der Akzeptanz von pornografischen Bildertypen werden Körperschablonen generiert, die zwar als individuell wahrgenommen werden, eigentlich aber massenmediale Konstruktionen sind und im Extremfall durch kosmetische (Intim)-Chirurgie umgesetzt werden.[124] Mit nur einem Mausklick ist der Zugriff auf für Kinder und Jugendliche unzulässige Seiten möglich, sei es nur um einen Film zu streamen. Niemand kontrolliert das. „Hast du Lust zu ficken?", „unbefriedigte Hausfrauen in deiner Nähe", „auch hässliche Mädchen wollen dich" all das strömt unkontrolliert auf Kinder und Jugendliche ein, doch wie sollen sie damit umgehen?[125]

Wie sollen sie das verarbeiten, wenn sie keine AnsprechpartnerInnen in der Familie oder ihrem familiären Umfeld haben? Besonders Kinder und Jugendliche aus bildungsfernen Familien bleiben oft sich selbst und ihren Eindrücken überlassen und können schwer mit dieser Form der Sexualisierung in den Medien umgehen. Natürlich kann auch in oberen sozialen Schichten eine emotionale oder zeitliche Vernachlässigung vorkommen, jedoch ist das deutlich seltener der Fall. Dazu hat Klaus Hurrelmann im Auftrag der Kinderhilfsorganisation World Vision Deutschland geforscht. Über fehlende Zuwendung klagen laut der Studie vor allem Kinder, deren Eltern arbeitslos sind. Rund 28 Prozent der Mädchen und Jungen, aus der unteren Herkunftsschicht berichten, regelmäßig deutlich mehr als zwei Stunden am Tag Fernzusehen. Dies trifft nur auf sechs Prozent der Kinder aus gehobenen

---

[123] Das Wort setzt sich aus Sex und Texting zusammen.
[124] Weißes Kreuz e.V, Sexualität und Menschenwürde, S. 7.
[125] Zu sehen bei Streaming- Angeboten, wie Kinox to.

Schichten zu. Das Fehlen von Regeln ist unter anderem eines der Probleme bei vielen der schlechter situierten Eltern. Die Kinder sind ganz und gar nicht damit zufrieden, dass es keine Vorgaben und Kontrollen gibt. „Selber Entscheidungen treffen zu müssen ist für die Kinder durchaus eine prekäre Situation. Kinder wollen mitbestimmen, aber nicht alleine bestimmen."[126] Auch die Art und Weise und die Methode, wie Kinder durch die Medien aufgeklärt werden, lässt Zweifel entstehen und Fragen offen. Denn heutzutage übernehmen große Teile der Freizeitgestaltung, der Erziehung und auch der Sexualerziehung, die Medien.

Nun sagen aber die Shell-Studie[127] und die Sinus-Studie[128] alles gar nicht so schlimm, unsere Jugend ist gar nicht so verdorben und abgestumpft wie behauptet wird. Also alles zugespitzte Dramaturgie? Müssen wir uns also keine Sorgen um „die Jugend" machen und können durchatmen? Fakt ist, dass quantitative Studien nicht wieder spiegeln, was Kinder und Jugendliche bewegt und wie sie, während sie sich in einem Veränderungsprozess befinden, auf eine sich ständig verändernde Umwelt reagieren. Natürlich erfordert es ein besonderes Maß an Sensibilität, Jugendliche zum Thema Sex und Pornografiekonsum zu befragen, „[...] unabhängig vom Thema steht jeder Forscher in der Pflicht, über seine Rolle zu reflektieren, objektiv zu sein und keinerlei Druck oder Einfluss auf die Befragten auszuüben".[129] Leider sprechen die genannten Studien aber keine ethischen und moralischen Aspekte an. Keine der genannten Studien befragt die Jugendlichen explizit nach dem Konsum von Pornofilmen und der gelebten Sexualität.

Es macht den Eindruck als wollte nicht wahrgenommen werden, dass auch Jugendliche eine autonome Sexualität leben und Sexualität nicht nur in Verbundenheit mit Liebe und Partnerschaft ausgelebt wird. Lediglich die Repräsentativbefragung der Bundeszentrale für gesundheitliche Aufklärung (BZgA) liefert zu Einstellungen und Verhaltensweisen Jugendlicher und junger Erwachsener in Bezug auf Aufklärung, Sexualität und Verhütung seit Jahrzehnten gesicherte quantitative Daten. Wie aber diese Gruppe gegenwärtig Sexualität und Beziehungen organi-

---

[126] Hurrelmann, Klaus http://www.spiegel.de/panorama/gesellschaft/neue-erziehungsstudie-die-kindergluecksformel- a-698100.html
[127] Die Shell- Jugendstudie ist eine quantitativ durchführte Studie und ist repräsentativ. http://www.shell.de/ueber-uns/die-shell-jugendstudie.html,
[128] SINUS-Jugendstudie, wie ticken Jugendliche 2016? Lebenswelten von Jugendlichen im Alter von 14 bis 17 Jahren in Deutschland, diese Studie ist qualitativ, allerdings nicht repräsentativ, da der Umfang nicht groß genug war.
[129] Heike-Rebecca Stähler, Generation Porno, S. 155.

siert, welche Wert- und Idealvorstellungen sie dabei leiten und welche Rolle das Internet bzw. die Neuen Medien dabei spielen, darüber gibt es unzureichende Daten.[130] Vor diesem Hintergrund gab die BZgA das Forschungsprojekt „Sexuelle und soziale Beziehungen Jugendlicher und junger Erwachsener" in Auftrag. Die qualitative Studie wurde von Juli 2009 bis Dezember 2011 durchgeführt. Befragt wurden 160 junge Frauen und Männer im Alter von 16 bis 19 Jahren aus Hamburg, Leipzig und Berlin, die zu diesem Zeitpunkt ein Gymnasium oder eine Berufsschule besuchten.[131] Auch zum Pornografiekonsum wurde hier befragt. Einige Ergebnisse dieser Studie habe ich für diese Arbeit vergleichen können, jedoch ist der Umfang der Studie recht klein und ist somit für den Großteil der deutschen Jugend nicht repräsentativ genug. Die gefolgte und 2015 erschienene Studie knüpft an Untersuchungen aus früheren Jahren an, diese hat jedoch nicht die Neuen Medien wie Pornografie als Thema mit einbezogen und ist somit für mich nicht relevant gewesen. Gerade bei sensiblen Themen, wie dem Sexualverhalten ist aber nicht davon auszugehen, dass alle Befragten immer ehrlich antworten. Die soziale Erwünschtheit[132] verfälscht die Ergebnisse von Umfragen fast immer.

---

[130] https://publikationen.sexualaufklaerung.de/index.php?docid=2894
[131] Matthiesen, Silja, Jugendsexualität im Internetzeitalter Studie der BzGA.
[132] https://m.portal.hogrefe.com/dorsch/de/access-management/Die befragte Person tendiert dazu, nicht die für sie tatsächlich zutreffende Antwort zu geben, sondern diejenige, von der sie denkt, dass sie sozial gebilligt oder erwünscht ist. Das beruht auf der Befürchtung, dass eine ehrliche Antwort zu Nachteilen oder Ablehnung führen könnte.

6 Fazit - aktueller gesellschaftlicher Ausblick und medialer Diskurs

Was ist nun wahr? Hat sich die Jugendsexualität gewandelt? Wie massiv ist der Einfluss auf die Jugendsexualität? Diese Fragen ließen sich beantworten wenn es mindestens zwei vergleichbare Studien gäbe, die sich mit diesen Themen befassen würden, sowohl damals wie auch heute. Jedoch gibt es diese nicht. Vor vierzig Jahren war Pornografie verpönt und durfte kein Thema sein.

Unter Jugendlichen war sie sehr wohl ein Thema, aber dies wurde nicht beachtet, bzw. ignoriert. Auch die Studien von heute haben wenig mit der Realität von Kindern und Jugendlichen zu tun. Sie beziehen sich auf tausende ausgewertete Fragebögen und behaupten „verlässliche Aussagen" machen zu können, kommen aber dann zu Ergebnissen, die genauso komplex wie pauschalisierend sind. „Die kontinuierliche Enttabuisierung von Sex seit dem letzten Drittel des vergangenen Jahrhunderts, seine Allgegenwart in der Öffentlichkeit, in der Werbung, im Fernsehen, in der Presse und in der Literatur, hat nicht etwa dazu geführt, dass mehr Sex praktiziert wird, sondern dazu, dass den Menschen die Lust darauf offensichtlich mehr und mehr vergeht."[133] Das ist nicht verwunderlich, denn was mit Tabus belegt ist, reizt am meisten. Nun könnte vermutet werden, dass selbst Jugendliche schon so „oversexed" sind, dass sie keine Lust mehr auf partnerschaftlichen Sex haben und sie sich in die Welt des Vermeidenden flüchten. Hier wäre es interessant zu wissen, inwiefern Pornofilme wirklich zu einer Abstumpfung der Sexualität führen und ob die sexuellen Verhaltensweisen negativ beeinflusst werden. Bereits in meiner ersten empirischen Arbeit zum Thema „Generation Porno" konnte ich diese Vermutung bestätigen. Diese Arbeit ist nicht repräsentativ, jedoch konnten mir die erwachsenen Männer entsprechendes berichten. Nach ihrem ersten geschauten Porno war alles irgendwie nicht mehr so „spannend" und eine Abstumpfung war zu spüren. Nun waren die Befragten erwachsene Männer, Akademiker und reflektiert, was ihre Gewohnheiten betrifft. Für mich war das Alter zum Zeitpunkt des „Eintauchens" in die Pornowelt interessant. Alle sechs Befragten waren damals jugendlich. Das war der ausschlaggebende Grund mich in meiner Abschlussarbeit mit *der Jugend* und dem Einfluss von Pornos näher zu beschäftigen. Gerade in Bezug auf die Rolle der Eltern und ErzieherInnen sollte untersucht

---

[133] http://www.tagesspiegel.de/weltspiegel/sexuelle-langeweile-ohne-tabu-ist-sex-tabu/1258302.html

werden, wie groß der Einfluss auf die sexuelle Entwicklung und die sexuelle Identität des Heranwachsenden ist. In Hinblick auf moralische Grenzen, sowie der Darstellung von Gewalt oder von erniedrigendem Sexualverhalten, sollte durch sie stärker aufgeklärt werden. Diese sexuelle „Aufklärung" darf nicht dem Porno überlassen werden, insbesondere was die fehlenden emotionalen Prozesse betrifft, die einen vielfältigen Einfluss auf die sexuelle Entwicklung und Identität haben. Doch leider ist in vielen Orten Deutschlands genau das der Fall. Kinder und Jugendliche sind sich mit dem Geschauten oft selbst überlassen. In diesem Zusammenhang sind einige PädagogeInnen bei der Behandlung von Kindern und Jugendlichen auf Parallelen gestoßen:

1. Signifikant ist die Pornosozialisation
2. Die meisten Kinder haben Eltern, bei denen sie einen absolut entgrenzten Umgang mit Sexualität erfahren haben
3. Die Eltern stammen oft aus den unteren sozialen Milieus.[134]

Wie eng der Zusammenhang zwischen Bildung und Sexualität ist kann nicht wissenschaftlich belegt werden. Allerdings kann das am Beispiel von Schwangerschaften Minderjähriger vermutet werden. Dazu kam eine von pro familia durchgeführte Studie.[135] Bildung ist hier der Schlüssel! Durch eine höhere Bildung der Eltern würden die Kinder und Jugendlichen vor einem verfrühten Konsum von Pornografie und ein damit einhergehendes verzerrtes Bild von Sexualität geschützt werden. Die entscheidende Entwicklungsphase, in der ein Mensch das Lernen lernt, beginnt lange vor der Einschulung. Der Mensch formt seine sexuelle Identität und ist beeinflusst von seinem nahestehenden Umfeld. Das habe ich versucht besonders im ersten Teil dieser Arbeit zu verdeutlichen. Beziehungen und das sexuelle Erleben sind nicht von vergangenen Empfindungen und Erfahrungen des Lebens losgelöst. Vor allem nicht von den ersten, immer bestimmenden Gefühlen, Erlebnissen und Beziehungen der frühen Kindheit. Und wie ich bereits thematisiert habe, sind Beziehungen und Lust von klein auf nicht nur mit Glück, Anerkennung und dem Gefühl des Einzigartigen verbunden, sondern auch mit Einsamkeit, Beschämung, Verständnislosigkeit, Gewalt, Verbot und Angst. Alle können davon Wunden und Narben tragen. In sexuellen Begegnungen werden

---

[134] Walter Wüllenweber, die Asozialen, S. 104.
[135] https://www.profamilia.de/ueber-pro-familia/projekte-und-kampagnen/pro-familia-forschung/jugendschwangerschaften.html

diese sichtbar. Ängste und Konflikte, die im Zusammenhang mit dem Selbstwert, mit Nähe und Beziehung stehen, tauchen auf. Sie können inszeniert, umgangen, kompensiert oder durch sexuellen Verzicht scheinbar vermieden werden. Durch die intensive Auseinandersetzung mit unterschiedlichen Studien und Artikeln zu dieser komplexen Thematik, konnte auch ich durch den Vergleich dieser Berichte eine Tendenz erkennen, dass vermehrt Jugendliche aus bildungsfernen Familien betroffen sind. Sie sind oftmals auf sich alleine gestellt und tauschen sich weniger mit ihren Eltern oder LehrerInnen aus, sondern überwiegend mit Gleichaltrigen.

Da diese ebenfalls aus unteren sozialen Milieus stammen, ist eine entsprechende Lebenswelt anzunehmen. Zusammenfassend kann gesagt werden, dass Prävention entscheidend ist. Prävention würde bereits damit beginnen, dass es eine Kindergartenpflicht geben müsste. „Jedoch würde das der heilen Mittelschichtsvorstellung widersprechen, die der Staat sich von der Unterschicht macht".[136] Allerdings können Eltern die der Mittelschicht zuzuordnen sind ihre Kinder sehr gut selbst fördern, der Kindergarten wird nicht unbedingt benötigt. Kinder aus bildungsfernen Familien sind jedoch auf den Kindergarten und im Allgemeinen auf frühkindliche Bildung angewiesen. Sie brauchen den Staat als Erzieher. Auch in den Schulen übernehmen die LehrerInnen oft die Aufgabe der Erziehungsberechtigten, daher ist ein ausführlicher Sexualkundeunterricht meiner Meinung nach schon in der Grundschule außerordentlich wichtig. Man muss nur einen Schulhof betreten, um dort die obszönsten Ausdrücke von den Jüngsten zu hören, von denen diese nicht einmal wissen, was sie bedeuten.

Viele Studien vermitteln uns dagegen ein ganz anderes Bild „der Jugend" von heute. Mit unterschiedlichsten Überschriften werden Artikel über „die Jugend" betitelt:

„Die Zufriedenheit und der Optimismus der jungen Generation in Deutschland", „die adaptiv-pragmatische Jugend", „die leistungs- und familienorientierte moderne Mainstream Generation mit hoher Anpassungsbereitschaft". Was war „die Jugend" nicht schon alles. „Jedes Jahr wird für das Alles ein neuer Generationenname erfunden: *Generation - Praktikum, - Prekär, - Maybe, X, Y, Z.*"[137]

---

[136] Wüllenweber, Walter, die Asozialen, S. 121.
[137] http://www.faz.net/aktuell/feuilleton/jugendstudien-die-jugend-von-heute-13241479.html

Der Begriff *Generation Porno* hält sich allerdings hartnäckig. Zu Pornos ist der Zugang leichter als je zuvor. Man findet Bilder von *Gang Bangs* und *Rainbow Partys*[138], selbst wenn man gar nicht danach sucht. Aber genügt das, um „die Jugend" als *Generation Porno* abzustempeln?

Das ist nicht eindeutig zu beantworten. Vieles passiert hinter verschlossener Tür.

Wie durch das Schlüsselloch haben wir jedoch einen schmalen Durchblick in das Verborgene, das sich dem neugierigen Menschen gelegentlich zeigt. Schlüssellöcher werden allerdings von Erwachsenen wenig beachtet, größere Aufmerksamkeit schenken ihnen Kinder, Verliebte oder Eifersüchtige. Am Schauen durch das Schlüsselloch zeigt sich das menschliche Interesse an Vorgängen, die ihm eigentlich verborgen bleiben sollten, an dem, was sich ihm nicht unmittelbar gleich erschließt.

Ich hoffe, dass sich diese Tür des Verborgenen öffnet und Mutige sich trauen weiter zu forschen und sich mehr mit dieser Thematik beschäftigen. Hier geht es meiner Meinung nach nicht um etwas das nicht sichtbar sein darf, im Gegenteil. Wir müssen hinschauen, mit den Kindern und Jugendlichen in Dialog treten, enttabuisieren, die eigenen Unsicherheiten zurückstellen, offen sein und dieses Thema sehr ernst nehmen. So können wir vielleicht verhindern, dass kindliche Neugierde, das sich Beschnuppern, die spielerische Sexualität und zartes Verliebtsein endet. Nicht endet in einer möglichen Verrohung des jugendlichen Da-Seins und in einer Entromatisierung und Entfremdung der Gesellschaft.

Abschließend zu meinem Fazit und dem kontrovers geführten medialen Diskurs möchte meine Abschlussarbeit gerne mit folgenden Zitat von Jean Jacques Rousseau beenden, das meiner Auffassung nach versinnbildlicht welche Art von Schutz, Wert und Fürsorge ein Kind erhalten sollte.

---

[138] Rainbow Parties sind Sex-Parties, bei denen Mädchen unterschiedlich farbigen Lippenstift tragen und die Jungs nacheinander oral befriedigen - deshalb der Regenbogen.

„An dich wende ich mich, zärtliche und vorsorgliche Mutter, die du dich von der großen Straße fern zu halten und das wachsende Bäumchen vor dem Widerstreit der menschlichen Meinungen zu bewahren verstandest! Pflege, begieße die junge Pflanze, ehe sie abstirbt; ihre Früchte werden dereinst deine Wonne sein. Bilde frühzeitig einen Schutzwall um die Seele deines Kindes; ein Anderer kann den Umfang desselben bestimmen, du selber aber mußt die Schranken setzen."[139]

Jean Jacques Rousseau

---

[139] Jean Jacques Rousseau, Emil oder über die Erziehung, S.11.

Literaturverzeichnis

Bancroft, John: Grundlagen und Probleme menschlicher Sexualität. Ferdinand Enke Verlag, Stuttgart 1985

Breidenbach-Fronius, Eva: Von der Utopie der sexuellen Befreiung. SAP-Zeitung Nr. 13, 2007

Erikson, Erik: Identität und Lebenszyklus. Suhrkamp Verlag, 1973

Gloel, Andreas: Pornografie und Sexualverhalten, eine qualitative Studie. Diplomica Verlag, 2010

Grimm, Petra: Porno im web 2.0. Vistas Verlag, 2010

Götsch, Monika: Sozialisation heteronormativen Wissens. Budrich UniPress, Berlin und Toronto 2014

Hurrelmann, Klaus: Lebensphase Jugend, eine Einführung. Juventa Verlag, München 2007

Jean-Jacques Rousseau: Emil oder über die Erziehung. Tredition GmbH Verlag, Hamburg 2012

Joas, Hans: Lehrbuch der Soziologie. Campus Verlag, Frankfurt/New York 2007

Junker, Robin: Pornografie und sexuelle Identität Pornografie. Diplomica Verlag, Hamburg 2012

Kolanowski, Ulrike: Wie Jugendliche ihre sexuelle Orientierung entdecken. Technischen Universität Braunschweig, 2005

Matthiesen, Silja: Jugendsexualität im Internetzeitalter. Studie der BzGA, Köln 2013

Scherr, Albert: Jugendsoziologie, Einführung und Grundlagen. Verlag für Sozialwissenschaften, Wiesbaden 2009

Sielert, Uwe: Einführung in die Sozialpädagogik. Beltz Verlag, 2005

SINUS-Jugendstudie u18 - Wie ticken Jugendliche 2016? Springer-Verlag, Berlin 2016

Stähler, Heike-Rebecca: Generation Porno - Jugend zwischen Pornographie und Sexualität. Disserta Verlag, Hamburg 2014

Strauß, Bernhard, Kirchmann, Helmut, Schwark, Barbara: Bindung, Sexualität und Persönlichkeitsentwicklung. Kohlhammer Verlag, 2009

Tillmann, Klaus-Jürgen: Sozialsationstheorien, eine Einführung. Rowohlt Taschenbuch Verlag, Hamburg 2010

Weißes Kreuz e.V: Sexualität und Menschenwürde. Ausgabe Nr. 57. Weißes Kreuz Verlag, 2014

Wüllenweber, Walter: Die Asozialen. Deutsche Verlags-Anstalt, München 2012

Zimmermann, Peter: Grundwissen Sozialisation, eine Einführung. Verlag für Sozialwissenschaften, Wiesbaden 2006

Internet Quellen

URL: http://archiv.schader-stiftung.de/gesellschaft_wandel/757.php#postadoleszenz

URL: http://www.psychoanalyse-salzburg.com/sap_zeitung/pdf/Breidenbach.pdf

URL: http://www.bento.de/gefuehle/erika-lust-wie-drehe-ich-einen-guten-porno-1328279/

URL: http://www.zeit.de/campus/2017-05/generation-y-sex-sexualtherapie-bzga

URL: http://www.spiegel.de/panorama/gesellschaft/neue-erziehungsstudie-die-kindergluecksformel-

URL: http://www.stern.de/digital/computer/pro-und-contra-muessen--killerspiele--verboten-werden--3330394.html 1.8

URL: http://www.sueddeutsche.de/leben/umfrage-so-lieben-und-verhueten-jugendliche-1.2733654

URL: http://www.tagesspiegel.de/weltspiegel/sexuelle-langeweile-ohne-tabu-ist-sex-tabu/1258302.html

URL: http://www.spiegel.de/panorama/gesellschaft/neue-erziehungsstudie-die-kindergluecksformel-a-698100.html

URL: http://www.faz.net/aktuell/feuilleton/debatten/generation-porno-zu-wild-zu-hart-zu-laut-13197193.html

URL: http://www.faz.net/aktuell/feuilleton/jugendstudien-die-jugend-von-heute-13241479.html

URL: http://www.3sat.de/page/?source=/kulturzeit/tips/163454/index.html

URL: http://www.tagesspiegel.de/wissen/sinus-jugendstudie-2016-der-mainstream-wuenscht-sich-eine-buergerliche-normalbiografie/13500046-2.html

URL: https://publikationen.sexualaufklaerung.de/index.php?docid=2894

URL: http://www.bento.de/gefuehle/erika-lust-wie-drehe-ich-einen-guten-porno-1328279/

URL: http://www.shell.de/ueber-uns/die-shell-jugendstudie.html

URL: http://www.dict.cc/englisch-deutsch/sex+maniac.html

URL: http://www.youporn.de

URL: https://kinox.to

URL: https://www.profamilia.de/ueber-pro-familia/projekte-und-kampagnen/pro-familia-forschung/ jugendschwangerschaften.html

URL: https://m.portal.hogrefe.com/dorsch/de/access-management/